名师名校名校长

凝聚名师共识
回应名师关怀
打造名师品牌
培育名师群体

程明远题

"绘"活·悦生·共长：

基于绘本的生活化课程

周秀翠◎著

西安出版社

图书在版编目（CIP）数据

"绘"活·悦生·共长：基于绘本的生活化课程 /
周秀翠著. — 西安：西安出版社，2024.10. — ISBN
978-7-5541-7796-9

Ⅰ . G613.2

中国国家版本馆CIP数据核字第2024Z6W413号

"绘"活·悦生·共长：基于绘本的生活化课程
HUIHUO YUESHENG GONGZHANG JIYU HUIBEN DE SHENGHUOHUA KECHENG

出版发行：西安出版社
社　　址：西安市曲江新区雁南五路 1868 号影视演艺大厦 11 层
电　　话：（029）85264440
邮政编码：710061
印　　刷：北京政采印刷服务有限公司
开　　本：710mm×1000mm　1 / 16
印　　张：13.25
字　　数：159千字
版　　次：2025 年 3 月第 1 版
印　　次：2025 年 3 月第 1 次印刷
书　　号：ISBN 978-7-5541-7796-9
定　　价：68.00 元

目 录

第四章

课程力量：顺学而强，悦绘生活

第五章

课程价值：循例而鉴，悦绘生活

第一章
课程概览：基于绘本，悦绘生活

  亲近与理解幼儿，助力与爱育幼儿，需要从幼儿的生长规律出发，让幼儿在幼儿园内外的学习时空里，延展与丰富自己的生活，欣然探索世界，悦然绽放风采。为了实现高质量育人的课程价值，让课程回归幼儿生活，我园进行了持续深入的探索。

  2020年，我园申报并立项了广东省学前教育"新课程"科学保教示范项目"基于绘本的生活化课程实践研究"，推进幼儿园生活化课程的建设，呈现出以优质课程引领幼儿学习与发展的研究样态。这一基于绘本的生活化课程，我们称之为"悦绘课程"。它将绘本阅读与幼儿经验、家长与社区等作为课程资源，将幼儿发展生活化作为课程样式，将幼儿悠然悦读、欣然探索、跃然创造作为课程历程，让幼儿享受从绘本到生活的幼学时光。

第一节　问题的提出

　　贯彻党和国家教育方针，建设高质量幼儿园课程是落实立德树人根本任务的重要载体。"悦绘课程"的创生，意在立足幼儿当下生活、成长经验和可持续发展，基于蕴含中华优秀文化，体现现代多元生活方式的绘本，充分利用广府文化、历史人文、风俗民情等开展多样化的主题课程活动，让幼儿学会阅读，发展语言能力，掌握必备的生活知识与技能，萌发积极的情感态度，能够积极地探究生活，能动地创造生活，进而成为乐探究、爱生活、会创造的新时代儿童。我们的实践探索，有其相应的背景、问题和方向的思考。

一、背景：贯彻政策与立足生活

　　国务院《关于学前教育深化改革规范发展的若干意见》强调，要切实办好新时代学前教育，更好地实现幼有所育，必须认真落实立德树人根本任务，遵循学前教育规律和幼儿身心发展规律，牢牢把握学前教育正确发展方向，实施科学保教，促进幼儿健康快乐成长，为培养德智体美劳全面发展的社会主义建设者和接班人奠定坚实基础。党的十九大报告提出，新时代的儿童应该有理想、有本领、有担当，应该在价值观念、必备品格和关键能力方面得到高质量发展。这意味着，幼儿园课程建设是全面贯彻党和国家教育方针政策的必然要求，是让幼儿获得德智体美劳全面发展的重要保障，是整体提升幼儿一日生活品质的关键途径。

二、问题：辨析现状与回归生活

近年来，"跨学段化""超前教育""高分低能"等现象频出，不少人在必备品格和关键能力等方面存在诸多问题。在幼儿教育领域，"知识本位""小学化"等盛行：在课程目标上，注重知识和技能的训练，轻视情感、态度和价值观的培养；在课程评价上，重结果，轻过程；在教学活动上，忽视幼儿的身心整体发展水平，轻视幼儿主体性和个体体验，重知识讲授和集体教学。这些都导致幼儿过早地与他们生活的世界隔离，进入一个仅有符号刺激和训练，过于抽象和呆板的世界。在这个世界里，幼儿远离游戏和生活，幼儿应有的活泼好奇和灵动探索极为缺乏。因此，生活化课程所提倡的回归幼儿生活，致力于让幼儿健康、能动地成长，符合当下现实需要。

三、方向：活用绘本与全人生活

绘本是幼儿学习与发展的"宝物"。它因自身所蕴含的丰富内容与贴近幼儿认知特点的叙述方式，成为贯通成人世界与孩童世界的"桥梁"。它既有利于让幼儿在生活中被发现、被滋养，又有利于幼儿去发现、创造生活。

它被认为是幼儿最主要的阅读对象，是孩子早期阅读的起点，能够通过喷涌而出的语言让孩子感受生的欢乐，给予孩子生的力量[①]。绘本的独特育人价值日益被广泛认识和重视。绘本教学为幼儿提供了一种新的认识世界的视角，也是实现健康、语言、社会、科学、艺术诸多领域的教育相互渗透、整合的一种有效途径。同时，绘本作为文化载体，能够突破时空的限制，以幼儿喜闻乐见和易于理解的方式去呈现多元维度、丰富多样的生活。因此，基于绘本及相关的生活资源，开发与幼儿生活相联结的课程，是促使幼儿整合生活中零散的、不成体系的经验的需要，是促使幼儿在生活中展开持续探索的需要，是促使幼儿发现生活世界与创造美好生活的需要。

---

① 松居直. 如何给孩子读绘本［M］. 北京：北京联和出版公司，2016.

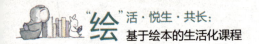

第二节　解决问题的过程与方法

　　"悦绘课程"解决问题的思路：首先是厘定理念与目标，即依据绘本阅读、生活教育、核心素养培育等理论，从幼儿课程建设规律和幼儿身心发展规律出发，凝练与确立基于绘本的生活化课程的理念与目标，以明晰这一课程的育人价值；其次是把握内容与过程，即面向人与自我、人与自然、人与社会的发展向度，关联幼儿的生活经验，建立适合幼儿学习与发展的匹配性绘本资源库，构建与铺排基于绘本的生活化课程的内容与过程，以明晰这一课程的育人路径；最后是夯实评价与管理，即立足于幼儿的绘本学习、生活历练和成长表现，以园本生活、亲子生活和社区生活的多样活动为载体，以幼儿生活化发展的表现方式为形态，以课程共研、活动共创、成果共赢为机制，推进与优化基于绘本的生活化课程的评价与管理，从而达到这一课程的育人效能。依循这样的思路，我们建构"悦绘课程"有其必要的过程与可行的方法。

一、过程：探索与拓展优化

探索聚焦阶段：绘本与生活的双向"活化"。2014年，我们开启了对"绘本+生活"命题的实践与探索，重点解决幼儿教育中轻视生活能力培养，绘本教学活动与幼儿生活经验相脱离的问题。以绘本为切入点，以"绘本教学"和"烹饪活动"为核心，遵从幼儿的兴趣和学习特点，开发出适合小班、中班、大班各年龄段幼儿探索的五大领域生活化主题活动。在一次次的活动经验中，我们又萌发了深入挖掘"绘本"的教育价值，由绘本向生活延伸，生成适合幼儿探究的生活化主题活动的想法。项目最终明确了"绘本+生活"的探索焦点，以绘本为切入点，开展生活化的主题探究活动。

建构拓展阶段：绘本与生活的双向"欢悦"。我们着力于促进"绘本+生活"的深度融合，全面推进基于绘本的生活化课程建设，主要解决绘本教学和主题活动被局限于固定模式、教育形式单一等问题。在课程建设过程中，我们进一步厘清核心概念，基于绘本的生活化主题活动的探索在理论上、实操上均取得突破性进展。为了进一步拓宽课程实践的维度，我们基于绘本的生活化课程，推进"人与自我、人与自然、人与社会"三类活动的实施路径探索，相关研究成果在全园9个班级（含小班、中班、大班、混龄班）中推广应用，并正式出版《大概念课程：幼儿园特色主题活动设计》一书。

整合优化阶段：绘本与生活的双向"共长"。我们进一步梳理与检验研究成果，在融合共生中以核心素养为取向，不断完善课程体系。在优化过程中，我们依托省级示范项目立项契机在广州市和佛山市多个园所推广实施该课程。我们整合各基地园深入推进基于绘本的生活化课程建设成果，总结实践探索的经验，不断完善课程架构，精选活动案例并汇编成册，形成基于绘本的生活化课程体系。"基于绘本的生活化课程"获得了《中国教育报》等多家主流媒体的持续关注与多次报道，并在教育同行中获得了广泛认可与赞誉。

二、方法：研析与设计推进

为有效推进"悦绘课程"体系的建构，我们采取多样而连贯的方法来解决问题。

研析现状与文献，把握课程建构的思路。首先是对幼儿、家长、教师进行调查，发现影响幼儿核心素养培育的主要因素是幼儿缺少亲身实践的机会，与生活中人事物的互动较为单一，此外，还发现当前幼儿教育存在忽视真实生活体验的问题。其次是查阅文献，梳理基于绘本的生活化教育的相关理论，借鉴前人的研究成果，形成基于绘本的生活化课程建构的思路。

设计课程与活动，明确课程建构的路径。先探索绘本的有效应用路径，然后探索基于绘本的生活化课程建构的基本路径，再从基于绘本的生活化主题活动拓展到基于绘本的生活化系列活动，对不同类型的活动逐步展开研究与探索，最后形成系列活动资源包。

推进行动与实践，加强课程建设的探索。强调基于绘本的生活化课程的建构，扎根实践，推进相应的行动研究，并通过实践探索，对这一课程的开发与实施以及其中存在的问题与困惑进行反思和调整，不断改进课程，为建构基于绘本的生活化课程体系提供实践依据。

第三节　成果的主要内容

依托"悦绘课程"的建构，我们以高质量课程育人为追求，探索相应的理论、路径、机制和评价，形成了基于绘本的生活化课程建设成果。

一、理论：整体框架与目标系统

（一）"悦绘课程"的理论基础

1. 哲学基础

中国"天地人合一"的自然哲学思想。"天地人合一"指的是人与自然、外界的有机协调联系与和谐相处。中国"天地人合一"的哲学思想，主张在充满仁爱的环境中让每个个体自主地去体验，从而全身心地投入"天人合一"的境界之中[①]。这与生活化课程理念不谋而合：立足幼儿生命成长历程，与自然万物相融通，充分领略生命存在的意义，张扬一种返璞归真的人性之美。这一哲学观念为生活化课程强调幼儿与自我、自然和社会的联系，

---

① 陈近."天人合一"思想对我国当前教育的启示［J］.教育探索，2011（6）：7-9.

促进幼儿身心全面和谐发展等理念的发展完善提供了立足中国传统文化的现实土壤。

杜威的经验自然主义和胡塞尔的生活世界理论。杜威从经验自然主义立场解读生活的教育价值和生长的意义，认为生活是个体积极地与环境相互作用的过程，并强调个体在生活中的发展、生长。这与胡塞尔呼吁生活世界和教育世界的融通有着异曲同工之妙。杜威的解读进一步涵盖了胡塞尔的教育世界概念，强调幼儿被赋予的有目的的经验活动并不是为了简单地认识世界，其最终目的是解决现实生活中所遇到的一系列问题[①]。从经验自然主义角度出发，幼儿受教育的主要源头在于其生活的日常环境，幼儿受教育的方式应当扎根生活，幼儿所要学习的内容是生活中的各种直接经验。

2. 心理学基础

建构主义。个人建构主义起源于皮亚杰的发生认识论，主要强调个人在个体知识建构中的创造作用。其基本观点是：学习是学习者通过新、旧经验的相互作用（表现为同化和顺应的统一），形成、丰富和调整自己认知结构的意义建构过程。社会建构主义主要是在维果茨基的思想基础上发展起来的，强调文化、社会的相互作用在个体知识建构中的重要作用。其基本观点是：学习是学习者在参与学习共同体实践活动过程中借助一定的文化支持，来内化相关知识、掌握相关工具的一个文化参与过程。社会建构主义重视学习共同体的互动、合作对于知识建构的价值。这告诉我们，幼儿的学习是在已有经验基础上主动地进行意义建构的过程，不仅是一个循序渐进的过程，

---

① 张彤彤. 经验自然主义教育观中幼儿劳动教育启蒙的意蕴与启示 [J]. 成长，2021（4）：1.

还是一个与社会文化相辅相成的过程。因此，我们的生活化课程必定是以幼儿为主体和以幼儿发展为中心的课程，在反映本土文化的同时，也遵循着幼儿身心健康发展的基本规律。

具身认知。具身认知理论的提出与发展，建立在对传统认知观的批判上：传统认知观认为，人的认知与身体互相独立，互不影响，忽视了身体与心智、环境的联系，而具身认知理论的核心思想，是肯定认知主体的身体在认知过程中的作用，视身体、环境与认知为一体，强调互动共生。"具身性"心理学思想以身体性、情境性、行动共生性为性质特征。这与我国古代"天地人合一"的思想（认为身体、环境与认知是相互作用、相互影响的）也不谋而合。具身认知理论告诉我们，幼儿与物理现实的交互、与环境的交互、与他人或社会的交互是紧密联系、高度统一的，教师应尽可能鼓励幼儿主动探索，不但要与物理现实、外部环境积极互动，同时也要积极地与他人、社会互动，并且，教师应为幼儿的学习探索提供适宜的情境。

人本主义。人本主义理论强调，学习应对儿童整个人产生有利影响，在教学过程中不仅要让儿童获得知识，而且要重视对儿童价值观、态度、情感等健康人格的培养和塑造，促进儿童全面发展[①]。这些思想对我们纠正过去的不良做法，制定促进幼儿全面发展的教育目标具有积极的借鉴作用。人本主义理论强调整合的原则，在认知、情感和行为三者相统一的基础上，将知识课程与体验课程相整合，这为建构生活化课程提供了理论参考。为促进幼儿全面发展，应将幼儿认知、情感、行为等方面的教育紧密结合起来，而建

---

① 孙丽影. 人本主义学习理论对我国幼儿园课程与教学的启示 [J]. 黑龙江史志，2009（18）：152-153.

立生活化的综合课程乃至于整合课程，采取多种课程模式正是实现这一结合的有效途径。

3.课程论

杜威的生活教育理论。杜威主张，儿童在活动中学习，在自然环境中获得新生，应重视儿童生活经验和主动经验的获得。有学者指出，杜威的经验自然主义教育是要求在儿童已有经验和未来经验之间架设"桥梁"，让儿童在游戏、生活中"不知不觉"地获得新的经验[1]。他还把活动分为主动作业和游戏，主张通过这两种方式来教育儿童。此外，杜威也认为，儿童天生就有一种要"工作"的本能，并提出教育即生活，教育即生长，教育即经验的改造，要实现这样的目标，就必须通过"做中学"的方式。

陶行知的生活教育理论、陈鹤琴的"活教育"思想。教育家陶行知的教育理论体系的核心是"生活教育理论"。他主张，幼儿教育是"以生活为中心"的教育，包括三大教育体系，即"生活即教育""社会即学校""教学做合一"。教育家陈鹤琴提出"活教育"的课程论：大自然、大社会都是活教材；要引导幼儿充分地与大自然、大社会接触，在亲身观察和探索中获取经验；既然"活教育"的课程内容来源于自然、社会和幼儿的生活，其组织形式也必须符合儿童的活动和生活方式，符合儿童与自然、社会环境的交往方式。为此，他提出体现儿童生活整体性和连贯性的"五指活动"。他还提出"活教育"的教学论：做中学，做中教，做中求进步。他认为，"所有的课程都要从人生实际生活与经验中选出来"。"活教育"的教学过程主要分为实验观察、阅读参考、发表创作、批评研讨四个步骤。在方法论方面，陈

---

[1] 蒋雅俊.杜威的经验课程观［J］.学前教育研究，2008（1）：36-38.

鹤琴提出若干原则，主要包括直观性原则、实践性原则、主动性原则和目的性原则等。这些原则重在强调儿童的"做"，突出儿童的主体地位和直接经验，鼓励孩子主动、大胆地去观察、思考、探索客观世界，利用各种教学方法促使他们得到全面、均衡的发展。

（二）"悦绘课程"的整体框架

1. 课程追求

"悦绘课程"以"活绘本，全儿童，悦生长"为核心理念，依据幼儿年龄特点和生活教育相关理论，建构基于绘本的生活化课程体系，包括课程理念与课程目标、课程内容与课程实施、课程评价与课程管理等模块。

这一课程理念指引着课程价值的实现：随着阅读的深入与生活的融入，绘本内容活化为幼儿可触可摸可探索的真实生活，演绎着幼儿活泼快乐的灵动生活，延展出幼儿悦自心灵的多彩生活；随着绘本生活化课程的开发与实施，幼儿德智体美劳得到全面发展，幼儿健康、语言、社会、科学、艺术各领域得以发展，幼儿在核心素养与健全人格方面得以完全发展；随着基于绘本的生活化课程的滋养，幼儿能够悦于自主地融入集体生活，能够悦于自能地美化群体生活，能够悦于自动地创造美好生活。

具体而言，"悦绘课程"在优化课程资源与促进幼儿发展方面，有其育人旨趣：

"悦绘课程"以"活绘本"为理念，意味着幼儿"绘本+生活"式课程资源的整合和利用及活化。幼儿的学习和发展是一个整体，也是一个持续渐进的过程，需要诸多资源的合力支持。基于绘本的生活化课程，注重整合"绘本+生活"的各类教育资源，建设可行性、操作性和推广性强的课程资源系统，意在实现幼儿生活和绘本的有机联结，深化幼儿在生活中学习与发展的广度和深度，达到"1+1>2"的效果。一方面，这一课程从幼儿生命成长规律与生命发展需求出发，立足于幼儿生活化成长特点，选择有益于幼儿积极发展的系列主题，并聚焦主题，集合相应的系列绘本，构成涵盖关键性绘本与拓展性绘本的资源库。另一方面，这一课程从课程主题与协同育人出发，立足于幼儿园办学实际，利用家长所能，整合社区与社会资源，构成涵盖绘本、家长及社区的资源库。当然，基于绘本的生活化课程资源库的建设，是动态生成的，是随着具体主题的课程创生而动态丰富的。

"悦绘课程"以"全儿童"为理念，意味着幼儿"生活+活动"式完全发展的推进、持续及优化。适宜于幼儿发展的课程，指向的是为培养德智体美劳全面发展而又具有个性的社会主义建设者和接班人，而打下幼学时光的坚实基础。基于绘本的生活化课程，核心就是建设适合发展的幼儿园课程，以期助力幼儿实现全面发展。"文学就是童年的精神食粮，是童年内在愿望不断激起和生发的动力。"[1]作为儿童文学作品呈现形式之一的绘本，能够以其丰富多彩的图像和文字，与幼儿的多种感官进行互动，帮助幼儿认识世界，扩展知识面，激发语言学习的兴趣，生发内在愿望的动力。通过与成人共同阅读绘本，幼儿可以从中了解语音字义和规范的表达方式。在体验绘本图文合奏的意蕴后，幼儿的视觉素养不断发展，阅读理解能力和逻辑思维能力也不断提高。绘本能够激发幼儿的想象力和创造力，启迪幼儿的思维。在阅读绘本的过程中，幼儿通过大胆想象、主动思考去破解其中的奥秘，从而拓宽生活视野、开发思维。绘本还能够滋养幼儿情感，促进幼儿社会性情感的发展。绘本涉及各种情感体验，如喜怒哀乐等，通过故事叙述或视觉艺

---

[1] 虞永平. 完整童年不可或缺文学［N］. 中国教育报，2020-1-19.

术表达等方式让幼儿感同身受，引导幼儿表达自己的情感，帮助幼儿学会辨别和控制情绪。绘本往往描绘了各种角色和情景，幼儿可以通过自我代入和模仿，习得人际交往的生活经验。在操作上，这一课程的创生，首先是聚焦幼儿生活，让绘本阅读成为幼儿生活的一部分，让幼儿透过阅读绘本联结生活，学会交流与发展思维，提高语言理解、表达、表征等能力，深化与发展阅读经验；其次是聚焦幼儿活动，让幼儿在基于绘本的生活化活动中与自我互动、与自然互动、与社会互动，发现他人与共同进步，提高探索生活与创造生活的水平，深化与发展生活经验。

"悦绘课程"以"悦生长"为理念，意味着幼儿"活动+意义"式悦享生活与萌创生活的幸福拥有。"悦绘课程"旨在以绘本为桥梁，促使幼儿悦于在生活中学习与发展。绘本是个丰富的世界，尤其是绘本与幼儿的生命成长相契合，容易与幼儿的现实生活相联结。从绘本到生活，从生活到绘本，幼儿能够在绘本营造的世界里遇见价值观的张扬，遇见品格的磨砺，遇见能力的锤炼，还能够用他们的"一百种"方式融入绘本世界，融入基于绘本的生活化情境之中，去生成他们个人的绘本新世界，去创造他们个人基于绘本又超越绘本的新生活。随着基于绘本的生活化课程创生和教育资源的活化，随着极具教育价值的生活世界的扩展，随着以幼儿生活为原点的多样活动的开展，幼儿会更喜欢阅读绘本、探讨绘本、分享绘本，能够更有兴致地从绘本世界发现故事奥妙、提出多样问题、释放各种想象，能够在与绘本相联结的生活化活动中去玩其所玩、探其所探、创其所创，从而在语言能力的悄然提高与生活经验的肆意丰富中，悦于"绘本+生活""阅读+生活""创造+生活"的学习与发展，逐渐成长为德智体美劳全面发展而又具有个性的新时代儿童。

2.课程结构

园本课程，顾名思义，就是指以幼儿园之"本"为基础的课程或在幼儿园之"本"的基础上建立起来的课程。在此，"本"是指基础、现状、背景、实际、条件及可能等反映幼儿园现实的因素。因此，园本课程是指在幼儿园现实的根基上生长起来的，与幼儿园的资源、师资等条件相一致的课程[①]。"悦绘课程"立足于香雪山幼儿园所创立的园本课程，是围绕幼儿园发展愿景，以促使幼儿获得更好的适宜性发展，以促进教师发展和幼儿园发展为使命，而自主开发的园本课程。园本课程必须依据本园的教育理念、师资力量、培养目标以及家长、社区资源进行内生性的开发，由此开发出的园本课程对幼儿、教师及幼儿园的发展才是适宜的[②]。依循这样的逻辑，对"悦绘课程"进行整体开发，才能形成涵盖理念、目标、内容、实施、评价、管理等要素的园本课程系统。

我们建构"悦绘课程"自有其逻辑：在"活绘本，全儿童，悦生长"课程理念指引下，为培养"乐探究、爱生活、会创造"的新时代儿童，从"人与自我、人与自然、人与社会"的生命发展视域出发，铺展包括"悦自我绘生活、悦自然绘生活、悦社会绘生活"三大类别的课程内容，依托"悦读绘本与初绘生活、悦探绘本与深绘生活、悦创绘本与延绘生活"课程主题的展开进程，设计和实施预设性与生成性主题统整化系列活动，通过立足于学习历程的过程性与增值性评价、立足于实践探索的协同性与效能性管理、立足于悦绘生活的成果化推广化评估，形成基于绘本的生活化课程体系。

---

① 虞永平.试论园本课程建设［J］.早期教育，2001（8）.
② 邵小佩.幼儿园课程与教学［M］.2版.北京：北京师范大学出版社，2020：81.

这一课程的整体架构，所显现的课程发展逻辑如图1-3-1所示。

图1-3-1 "悦绘课程"发展逻辑

课程内容是实现课程价值的支柱。课程内容不仅仅是教科书或教材中的内容，它的形式除了静态的知识经验之外，还包括动态的情境和活动。幼儿园课程内容来源于知识与经验、情境与活动[①]。基于课程发展逻辑，从系统上看，"悦绘课程"总体内容关涉生命发展的三大视域——人与自我、人与自然、人与社会，并源于相应的与幼儿发展紧密联结的知识与经验、情境与活动。因此，"悦绘课程"显现的是：以培养乐探究、爱生活、会创造的新时代儿童为核心，以发展阅读经验与生活经验为目标，建构"悦自我绘生活、悦自然绘生活、悦社会绘生活"三大课程群；每一个课程群都包括预设性主题活动和生成性主题活动，而这两类主题活动又分别由主题领域活动和

---

① 石筠弢.学前教育课程［M］.2版.北京：北京师范大学出版社，2014：78-90.

主题综合活动构成；这些活动的组织，都源于绘本与知识、阅读与生活、活动与经验、情境与发展；整个课程的创生，追求的是以"绘本+生活"为样态的课程"活绘本"价值，是以"生活+活动"为样态的课程"全儿童"价值，是以"活动+意义"为样态的课程"悦生长"价值。

因此，"悦绘课程"以主题为课程关键要素，从"幼儿与自我、幼儿与自然、幼儿与社会"三类主题进行活动分解，构成如图1-3-2所示的整体结构。

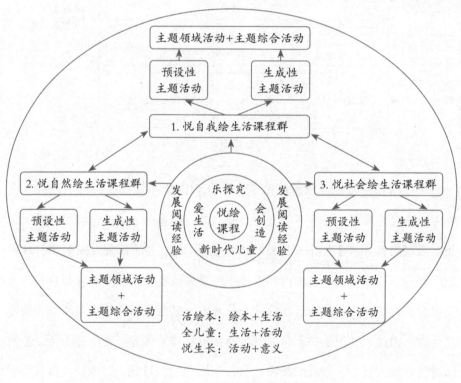

图1-3-2 "悦绘课程"整体结构

（三）课程目标及园本化表达

建构"悦绘课程"，指向园所发展，即经由这一课程的系统建设，幼儿园开发出基于绘本的生活化课程，并以其滋养幼儿，促使幼儿在生活化活动情境中获得更好的发展，也见证教师逐步提升课程开发与实施能力，彰显课程育人的价值，显示出幼儿园课程品质的力量。

建构"悦绘课程"，指向教师发展，即经由这一课程的实践探索，教师能够优选与幼儿生活紧密联结的绘本，能够基于绘本有效组织课程，设计主题统整活动，并针对所开发的生活化课程，探索出有效实施课程的策略、有效评价课程的策略、有效管理课程的策略，同时能够对课程进行及时评估，形成课程成果系统，实现课程育人的多样价值，从而提升课程领导力，促进专业发展。

建构"悦绘课程"，指向幼儿发展，即经由这一课程的整体滋养，幼儿能够融入基于绘本的生活化课程，沉浸于亲近自我、亲近自然、亲近社会的主题统整活动之中，激发起早期阅读的兴趣，逐步发展早期阅读素养，提高语言运用水平，并逐渐涵养出悦绘自我、悦绘自然、悦绘社会的生活能力，发展发现他人、共同进步的生活经验，同时树立起正确的情感、态度和价值观，塑造出良好的个性品质，为全面发展打下坚实的基础。

以上三大指向的目标达成，最终落脚于幼儿的多维度发展。习近平总书记指出，"新时代中国儿童应该是有志向、有梦想，爱学习、爱劳动，懂感恩、懂友善，敢创新、敢奋斗，德智体美劳全面发展的好儿童。"这描绘了新时代中国儿童全面发展的新图景，为培养德智体美劳全面发展的社会主义建设者和接班人奠基[①]。因此，"悦绘课程"在指向幼儿发展方面，需要与国家育人目标相一致，与幼儿园培养目标相耦合，这又具体化地构成这一课程的目标系统。人们普遍认为，幼儿发展、社会生活和人类知识是制定课

---

① 宁本涛.培养德智体美劳全面发展的新时代好儿童［J］.人民教育，2023（12）：6-8.

程目标的依据①。基于此，我们立足于园本和具体课程，厘定"悦绘课程"的整体目标。在早期阅读、生活教育等理论指导下，我们结合儿童发展水平与经验，以及《3—6岁儿童学习与发展指南》等纲领性文件，来制定并形成"悦绘课程"目标体系。

我们以"悦教育"为办园理念，追求"悦生长，悦绽放"的教育生活，奉行"让每个幼儿在香甜生活中喜悦绽放"的课程思想，致力于让每个幼儿在探究和创造中懂得生活、学会生活、热爱生活，使他们逐渐成长为新时代的好儿童。为培养这样的幼儿，"悦绘课程"的目标系统从两大发展视域来构成：阅读经验发展和生活经验发展。

《3—6岁儿童学习与发展指南》在界定"语言"领域目标时，认为"语言是交流和思维的工具"，并将儿童在语言领域的学习与发展目标分解为：倾听与表达——"认真听并能听懂常用语言""愿意讲话并能清楚地表达""具有文明的语言习惯"；阅读与书写准备——"喜欢听故事，看图书""具有初步的阅读理解能力""具有书面表达的愿望和初步技能"。基于此，我们立足于幼儿在健康、语言、社会、科学、艺术各领域的整体完全发展，对于"悦绘课程"的"阅读经验发展"这一视域，从"学会交流"和"发展思维"两大维度来审视幼儿学习绘本生活化课程的发展目标。将"学会交流"发展维度分解为"自主阅读"与"灵动表达"两项发展要求；将"发展思维"发展维度分解为"积极探索"与"能动思考"两项发展要求。

我们建构"悦绘课程"时，尤其需要理解幼儿的学习方式和特点，因为幼儿的学习是以直接经验为基础，在游戏和日常生活中进行的，也就是要

---

① 邵小佩. 幼儿园课程与教学［M］. 2版. 北京：北京师范大学出版社，2020：37.

珍视游戏和生活的独特价值，创设丰富的教育环境，合理安排一日生活，最大限度地支持和满足幼儿通过直接感知、实际操作和亲身体验获取经验的需要，严禁"拔苗助长"式的超前教育和强化训练。这意味着，"基于幼儿的生活，为了幼儿的生活，服务幼儿的生活"是我们建构"悦绘课程"的基本方向。事实上，《3—6岁儿童学习与发展指南》在厘定健康、语言、社会、科学、艺术五大领域目标时，都关涉"生活"与"生活经验"，这也就要求，以绘本生活化为主要特点的"悦绘课程"，在目标确定上需要聚焦"生活经验发展"。联合国教科文组织将"学会认知、学会做事、学会共同生活、学会生存"界定为"每个人一生中的知识支柱"，且"这四种获取知识的途径是一个整体，因为它们之间有许多连接、交叉和交流点"，而支柱之一"学会共同生活，学会与他人一起生活"，即学会"发现他人"，能够在认识自己中认识他人，真正设身处地去理解他人的反应，培养好奇心或批评精神，以及应对人与人之间、群体之间、民族之间不可避免地出现的紧张关系的能力，同时学会为实现共同目标而努力，能够"本着尊重多元性、相互了解和平等价值观的精神，在开展共同项目和学习管理冲突的过程中，增进对他人的了解和对相互依存的认识"，从而相互帮助，共同进步，"为今后的生活提供参考标准提供机会"[①]。基于此，对于"悦绘课程"的"生活经验发展"这一领域，我们立足于幼儿在健康、语言、社会、科学、艺术各领域的整体完全发展，从"发现他人"和"共同进步"两大维度上来审视幼儿学习绘本生活化课程的发展目标。"发现他人"发展维度分解为"认识自

---

① 联合国教科文组织. 教育：财富蕴藏其中［M］. 联合国教科文组织总部中文科译. 北京：教育科学出版社，1996：49-60.

己"与"理解他人"两项发展要求；"共同进步"发展维度分解为"一起做事"与"合作成功"两项发展要求。

总体上，"悦绘课程"引领幼儿学习绘本生活化课程，匹配幼儿园培养"乐探究、爱生活、会创造"的新时代儿童的目标，在参照《3—6岁儿童学习与发展指南》和《幼儿园领域关键经验与教育建议》的基础上，形成相应的目标系统（见表1-3-1），包括发展视域、发展维度、发展要求、发展表现和发展融通。

表1-3-1 "悦绘课程"目标系统

培养目标	课程目标					
	发展视域	发展维度	发展要求	发展表现	各年龄段发展水平	发展融通
乐探究、爱生活、会创造的新时代儿童	阅读经验发展	学会交流	自主阅读	1. 喜欢独自以及和同伴、教师、家人听故事、看图书，具有良好的阅读习惯。 2. 能联系生活，看与主题相同或相似的绘本，并在阅读中乐于提出有关的问题	小班：1. 有自主翻阅绘本的意愿，主动要求成人为自己读图书。 2. 能理解绘本的文字和画面是对应的，知道绘本画面表达一定的意义	1. 随着课程的创生，五大领域或部分领域的活动也随之展开，3—6岁儿童在健康、语言、社会、科学、艺术方面的发展融通于其中。 2. 随着课程的创生，3—6岁儿童学习与发展的各项表现分年龄段显现，并融通于具体的各领域活动和综合活动之中
					中班：1. 能逐页翻阅图书，并专注地阅读。 2. 能大致理解绘本的主要内容，体会绘本所表达的情绪情感	
					大班：1. 能根据主题选择自己喜欢的绘本，并专注地阅读。 2. 能领会绘本的主旨，初步感受文字的美和画面的美	

续 表

培养目标	课程目标					发展融通
	发展视域	发展维度	发展要求	发展表现	各年龄段发展水平	
乐探究、爱生活、会创造的新时代儿童	阅读经验发展	学会交流	灵动表达	1. 喜欢倾听他人的讲述，能听懂和运用常用语言，具有初步的阅读理解能力。 2. 能联系生活阅读绘本，有书面表达的愿望和初步技能，可以说清自己的观点	小班 1. 能看懂短小的绘本，说出简单的故事情节。 2. 愿意针对绘本回答简单的问题，主动与他人交流自己感兴趣的内容	
					中班 1. 能根据连续画面提供的信息，说出绘本的故事情节。 2. 能初步体会绘本的主旨，联系生活经验表达自己的感受和看法	
					大班 1. 喜欢与他人一起讨论绘本的有关内容，结合生活经验有序、连贯、清楚地表达自己的观点。 2. 能根据绘本的部分情节或画面线索猜想、推测故事情节的发展，续编、创编故事，语言较生动	
		发展思维	积极探索	1. 喜欢自然界与生活中美的事物，乐于发现与分享新奇、有趣的事物或现象，具有初步的探究能力。 2. 能初步感知生活中知识的有用和有趣，乐于寻找问题的答案，会用多样方式表征探索与发现	小班 1. 喜欢接触大自然，对感兴趣的事物能仔细观察，发现其明显特征。 2. 能感知周围事物对自己生活的影响，能通过观察、触摸收集信息，感知与探索物体	
					中班 1. 喜欢接触新事物，能对生活周遭的事物或现象进行比较、观察，发现异同。 2. 能感知和发现简单的物理现象，以及天气、季节的变化等对动植物的影响，能用图画或符号记录自己的观察与发现，乐于动手动脑，探索物体和材料	

续 表

培养目标	课程目标					发展融通
	发展视域	发展维度	发展要求	发展表现	各年龄段发展水平	
乐探究、爱生活、会创造的新时代儿童	阅读经验发展	发展思维	能动思考		大班 1. 好奇善问，对自己感兴趣的问题总是刨根问底，主动观察事物的运动和变化，会用一定的方法印证自己的猜想。 2. 能经常动手动脑，寻找问题的答案，能通过观察、比较、分析与推理认识生活周遭的事物	
				1. 喜欢关注、了解及体会各种事物与生活的关系，关注、寻找和讨论生活中各种事物的意义。 2. 能用自己喜欢的方式保留和积累有趣地探索与发现，大胆地创造与表现出自己的所思与所想	小班 1. 经常问各种问题，或好奇地摆弄物品。 2. 主动观察现象的产生和事物的变化，对观察到的事物和现象进行积极思考，能对观察结果提出疑问	
					中班 1. 常常动手动脑，探索物体和材料，能通过简单的工具和调查收集信息，能根据观察结果提出问题，并大胆猜测答案。 2. 能直观、简单地解释生活中的各种现象，感知与发现自然环境、科技产品与人们日常生活的密切联系	
					大班 1. 能根据观察结果提出问题，并大胆猜测答案。 2. 在认识事物的基础上，总结归纳不同种类的事物的特征，逐渐发现事物和现象之间的内在联系，感受人与自然、人与科技之间的密切联系	
	生活经验发展	发现他人	认识自己	1. 喜欢关注自己的成长，情绪安定愉快，具有一定的适应能力、自我保护能力和自尊、自主、自信的表现	小班 1. 情绪比较稳定，能在成人的帮助下较快适应集体生活，能在成人的提醒下注意安全，不做危险的事情，自己能做的事情愿意自己做。	

续　表

培养目标	发展视域	发展维度	发展要求	课程目标			发展融通
				发展表现		各年龄段发展水平	
乐探究、爱生活、会创造的新时代儿童	生活经验发展	发现他人	认识自己	2. 能以合适的方式分享自己的变化，形成基本的生活自理能力，养成良好的行为习惯，积极地应对各种挑战	小班	2. 在成人的提醒下，能保持规律的作息，按时睡觉和起床，能在成人的帮助下穿脱衣服或鞋袜，早晚刷牙，不偏食、挑食，能将玩具和图书放回原处	
					中班	1. 经常保持愉快的情绪，能较快适应人际环境中发生的变化，能遵守安全规则，知道自己的优点和长处，敢于尝试完成有一定难度的任务。2. 初步养成良好的生活习惯，如：每天按时睡觉和起床，能坚持午睡，用正确的方法刷牙；喜欢吃瓜果、蔬菜等新鲜食品；能自己穿脱衣服、鞋袜，整理自己的物品	
					大班	1. 能随着活动的需要转换情绪和注意，能较快地融入新的人际关系环境，具有基本的安全常识，愿意主动承担任务，遇到困难能坚持不懈。2. 养成良好的生活习惯，如：按时睡觉和起床，每天早晚主动刷牙洗脸，能根据冷热增减衣物；能按类别整理好自己的物品	
			理解他人	1. 喜欢与人交往，体会交往乐趣，学会关心、尊重与宽容他人，具有自主选择与结伴开展活动的能力。	小班	1. 愿意和小朋友一起游戏，想加入同伴的游戏时，能友好地提出请求。	

续　表

培养目标	课程目标						发展融通
	发展视域	发展维度	发展要求	发展表现	各年龄段发展水平		
乐探究、爱生活、会创造的新时代儿童	生活经验发展	发现他人	理解他人	2. 能与同伴友好相处，建立有益的人际关系，在生活情境中可以进行换位思考，学会力所能及地帮助他人	小班	2. 尊重长辈，身边的人生病或不开心时会表示同情	
					中班	1. 喜欢和小朋友一起游戏，会用简单的技巧加入同伴的游戏。2. 会用礼貌的方式向他人表达自己的需求和想法，能注意到别人的情绪，并有关心、体贴他人的表现	
					大班	1. 有自己的好朋友，也喜欢结交新朋友，愿意与同伴分享有趣的事。2. 能想办法吸引同伴和自己一起游戏，与同伴发生冲突时能自己协商解决	
		共同进步	一起做事	1. 喜欢群体生活，在学习共同体中学习分工合作，遵守基本的行为规范，具有初步的归属感。2. 能发现同伴优点与长处，学习理解他人的想法和感受，在具体活动中体会合作的重要性	小班	1. 喜欢集体生活，愿意和同伴一起活动，能在提醒下遵守游戏和公共场所的规则。2. 为自己的行为或活动成果感到高兴，也认可别人的优点和长处，愿意与同伴一起完成任务	
					中班	1. 愿意并主动参加群体生活，感受规则的意义，并能基本遵守规则。2. 认可自己的优点，也接纳别人的不同之处，敢于挑战有一定难度的任务	
					大班	1. 在群体活动中积极、快乐，理解规则的意义，能与同伴协商并制定游戏和活动规则。2. 接纳、尊重与自己生活方式或观点看法不一样的人，愿意主动承担任务，与他人看法不同时，敢于坚持自己的意见并说出理由	

培养目标	课程目标					发展融通
	发展视域	发展维度	发展要求	发展表现	各年龄段发展水平	
乐探究、爱生活、会创造的新时代儿童	生活经验发展	共同进步	合作成功	1. 喜欢齐心协力地完成共同的任务，学会运用协商、交换、轮流玩、合作等方式去解决冲突。 2. 能在具体活动中共同创造作品，体会群体活动的乐趣，萌发集体荣誉感，形成合作经验	小班 1. 能与同伴友好相处，在提醒下愿意与他人一起分享或共同完成一件简单的任务。 2. 与同伴发生冲突时，能听从劝解，在集体生活中感到安全、温暖	
					中班 1. 能与同伴商量并完成有一定难度的活动或任务。 2. 愿意接受同伴的意见和建议，发生冲突时愿意协商，和平解决问题	
					大班 1. 能主动发起活动或在活动中出主意、想办法，愿意为集体做事。 2. 在活动中能与同伴分工合作，遇到困难愿意一同承担，共同克服困难	

　　"悦绘课程"对于幼儿的学习与发展，主要聚焦"阅读经验发展"和"生活经验发展"两大视域目标，并相应地从不同维度细化有关的"发展要求"与"发展表现"。幼儿的"阅读经验发展"在"学会交流"维度上，要求获得"自主阅读"和"灵动表达"的发展；在"发展思维"维度上，要求获得"积极探索"和"能动思考"的发展。幼儿的"生活经验发展"在"发现他人"维度上，要求获得"认识自己"和"理解他人"的发展；在"共同进步"维度上，要求获得"一起做事"和"合作成功"的发展。这些不同维度上的要求，有着相应的发展表现，且是概要性的，其具体的落地，需要在主题统整课程及其活动中具体化，才能充分显现课程的育人价值。

二、路径：资源整合与学习进阶

（一）"悦绘课程"的资源三整合

1.绘本资源的整合

依据生命发展三大关系面向整合绘本资源。"悦绘课程"立足于绘本阅读，汇聚于生活场域，面向"人与自我""人与自然""人与社会"，促进幼儿阅读经验和生活经验的深化与发展。为此，我们从生命发展三大关系面向出发，整合绘本资源，构成包括三大系列的绘本资源库（如图1-3-3所示）：一是有利于引领幼儿"悦自我绘生活"的绘本资源，二是有利于引领幼儿"悦自然绘生活"的绘本资源，三是有利于引领幼儿"悦社会绘生活"的绘本资源。

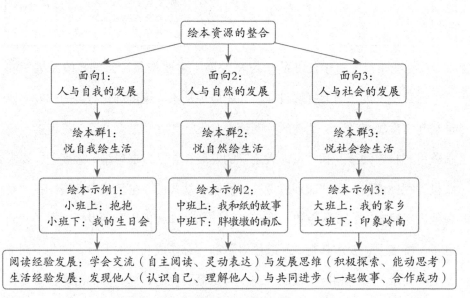

图1-3-3 "悦绘课程"之绘本三面向整合

我们从课程资源两大作用出发，又分成关键性绘本资源与拓展性绘本资源。我们整合绘本资源，构成包括两大系列的绘本资源库（如图1-3-4所示，以"我喜欢自己"主题为例）：一是有利于引领幼儿发展的"关键性绘本资源"，二是有利于引领幼儿发展的"拓展性绘本资源"。

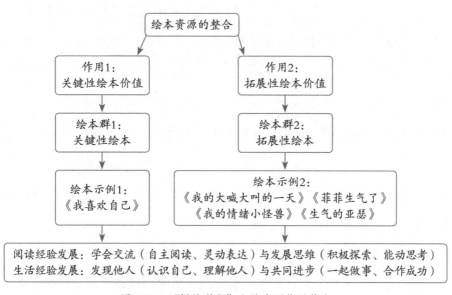

图1-3-4 "悦绘课程"之绘本两作用整合

关键性绘本，是指所选绘本的画面内容和故事情节与主题课程有着密切的、直接的联系，且与幼儿生活相联结，能够引领幼儿以绘本关联生活或生活关联绘本的方式，对绘本及其相联结的生活进行探究，从而充分发挥主题课程育人的关键作用，有利于幼儿阅读经验与生活经验的深化与发展。这类绘本一般为1~3本，幼儿对主题课程的探究由这类绘本引发，或基于这类绘本来展开。

拓展性绘本，是指所选绘本的画面内容和故事情节与主题课程有着相关的或间接的联系，且与幼儿生活相联结，能够充分地发挥主题课程育人的辅助和补充作用，有利于幼儿阅读经验与生活经验的深化与发展。这类绘本由多本构成，涉及主题课程的各个方面，而幼儿的探究可能涉及其中一本绘本的内容，也可能涉及其中多本绘本的内容。

2. 家长资源的整合

在幼儿教育过程中，家长的知识、技能、经验等都是有益于幼儿学习与发展的资源。《幼儿园教育指导纲要》指出："家庭是幼儿园重要的合作伙伴，应本着尊重、平等、合作的原则，争取家长的理解、支持和主动参与，并积极支持、帮助家长提高教育能力。"幼儿适宜发展性课程的建设，尤其需要充分整合家长资源，以促使课程育人价值充分显现。

"悦绘课程"在整合家长资源方面，主要是充分利用家庭这一亲子阵地，发挥家长伴学课程、助学课程、创学课程的作用，让幼儿在课程融入上更为深入，从而更多地受益，促进全面发展。

3. 社会资源的整合

社区是幼儿天然的生活场域，是幼儿生活化情境的磁场，是幼儿基于生活发展生活经验的摇篮。从社区到社会，幼儿教育需要相应的资源，来丰富保教工作，提高保教质量，促使幼儿获得更好的发展。"悦绘课程"的创生，需要整合与利用社区的有益资源，使课程活动的开展能够更具生活味，让幼儿能够从真实的生活化情境中获得多样发展。

社区中的地理景观、风土文物、贤达人士、公益团体、工商企业等，都是我们有效创生"悦绘课程"的有益资源。在创生过程中，注重整合与利用这些资源，将使课程得到最大程度的丰富，使幼儿的生活经验得到更大程度的发展。

（二）"悦绘课程"的学习三进阶

1.学习进阶的模型

为促进幼儿的发展，"悦绘课程"以三层次的方式整体推进学习进阶：第一层次为"悦读绘本，初绘生活"，显现的是幼儿悦于以发现为主要方式去阅读绘本，并展开领域类和综合类的生活化活动，构成初步地绘织美好生活的学习姿态，从而初步地发展阅读经验和生活经验；第二层次为"悦探绘本，深绘生活"，显现的是幼儿悦于以探究为主要方式去阅读绘本，并展开领域类和综合类的生活化活动，构成深入绘织美好生活的学习姿态，从而深入地发展阅读经验和生活经验；第三层次为"悦创绘本，延绘生活"，显现的是幼儿悦于以创造为主要方式去阅读绘本，并展开领域类和综合类的生活化活动，构成延展地绘织美好生活的学习姿态，从而持续地发展阅读经验和生活经验。

如此，这一课程的学习三层次整体进阶，构成如图1-3-5所示的实施模型。

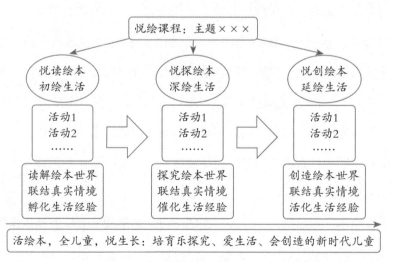

图1-3-5 "悦绘课程"学习进阶模型

2. 学习进阶的态势

悦读绘本，初绘生活。这一层次的学习，是指幼儿在发现绘本世界的过程中，与生活的真实情境相联结，从而孵化生活经验。

师幼共同阅读绘本的过程是溯源幼儿生活的过程：以一本或多本绘本为"起点"，通过阅读和讨论，发现幼儿的兴趣点，以幼儿生活中的人事物为原点，让幼儿的探究兴趣得以充分激发，让幼儿零散的、粗浅的生活经验得以唤醒，由绘本引发或支架的探究主题便自然生成。师幼在此阶段的共读策略主要为赏析型精读，强调对主题关键绘本的完整阅读体验，注重围绕绘本所承载的知识经验展开一系列活动，让书中呈现的知识经验或知识经验的组织方式成为幼儿学习、探索的依据或参考[①]。主题生成后，需要将绘本与幼儿生活进行联结，形成主题性学习计划。如，在"胖墩墩的南瓜"主题生发初期，师幼共读关键绘本《胖墩墩的南瓜》后，幼儿知道了南瓜的生长过程，对形态各异的南瓜感到诧异，探究南瓜的兴趣进一步被点燃。接下来，教师与幼儿共同收集有关南瓜的绘本，基于幼儿年龄特点和体验绘本时所表露的兴趣点，来确定"胖墩墩的南瓜"的主题目标和主题网络图，如聚焦"妹妹的大南瓜"这一主题，可以预设语言游戏"南瓜故事列车"、体育游戏"运南瓜"、益智游戏"南瓜的菜谱"、科学游戏"南瓜成长记"等活动。值得注意的是，主题活动并不是完全依照主题性学习计划进行。我们鼓励教师对主题中已有的活动进行凝练和提升，也支持幼儿和教师共同生成新的活动来丰富主题。

悦探绘本，深绘生活。这一层次的学习，是指幼儿在探究绘本世界的过

---

① 孙莉莉. 打开绘本看课程［M］. 北京：中国轻工业出版社，2023：67.

程中，与生活的真实情境相联结，从而催化生活经验。应充分依托"绘本+生活"的基础要素去支持幼儿主动探究，对绘本元素进行深入发掘和灵活运用，帮助幼儿不断建构连续、整体的主题经验。绘本元素主要指的是绘本所呈现的内容，如画面场景、角色形象、文字内容和互动方式等[①]，相对于绘本要素概念范畴更为广泛。绘本教育要素主要指的是绘本中潜藏的主要学科概念和各领域的核心经验，与幼儿当下其他领域学习或主题综合学习的经验元素相关[②]，属于绘本元素里的教育要素，是基于绘本的生活化主题探究活动中"绘本+生活"基础要素的具体体现。"绘本"与"生活"在此阶段的融合，具体表现为在基于绘本的探究活动中，幼儿与人事物进行充分互动。在此过程中，幼儿建立起更立体、更直观的感受，在思考、探索、实践中建构自身独特的知识经验。师幼在此阶段的共读策略主要为运用型精读，强调在深入研究绘本的基础上偏重于唤醒或关联幼儿已有的直接或间接经验，并对其进行系统化的整合，以引发幼儿进一步拓展和行动的兴趣。以围绕绘本《妹妹的大南瓜》进行中班游戏活动设计为例：绘本主要讲述妹妹从种下南瓜秧开始，通过耐心地浇水、施肥，最终成功地种出了一个大南瓜。依据中班幼儿兴趣和绘本蕴含的学习领域经验，教师分别设计了语言游戏"南瓜故事列车"和科学游戏"南瓜成长记"等，让幼儿在游戏中习得植物的生命周期和生态系统的基本知识，点燃对种植活动的兴趣。

悦创绘本，延绘生活。这一层次的学习，是指幼儿在创造绘本世界的过

---

① 孙莉莉在《打开绘本看课程》里指出，绘本中的某些元素（如知识经验、艺术表现手法、思想观念等）可以作为服务于课程内容的素材。

② 孙莉莉.打开绘本看课程［M］.北京：中国轻工业出版社，2023：68.

程中，与生活的真实情境相联结，从而活化生活经验。实质上，主要是将绘本元素迁移运用于幼儿生活之中，特别是对绘本要素的运用。绘本将不同生活场景、不同内容和活动形式进行结合，即以"绘本+"的形式助力幼儿建构各学习领域乃至跨学习领域的关键经验，进而促进幼儿核心素养的发展。其中，"绘本+生活"的应用既能拓展幼儿绘本阅读体验的深度，又能丰富绘本在教育过程中应用的广度，让生活化课程基于绘本又不止于绘本。师幼在此阶段的共读策略主要为运用型泛读，以较为灵活的方式来实现绘本与幼儿生活的融合，使得绘本要素在生活中得以迁移运用。

三、机制：项目与资源及活动

（一）悦绘课程的项目共研

课程项目组成立项目指导专家组和课程建设领导组，其中课程建设领导组又下设课程研发小组、课程宣传小组、课程评价小组和课程保障小组等。课程建设领导组以园长为组长，教研部门相关人员为成员，负责理论总体架构和实践统筹。课程研发小组负责"悦绘课程"方案的研制、审议、修订和更新，对课程实施形式和策略进行改进，进行课程资源开发和推广，以推进课程的有效实施。课程宣传小组主要通过微信公众号和媒体报道等方式进行项目实施和资源的宣传与推广。课程评价小组主要负责对幼儿发展、教师发展和课程实施等项目成效进行评价。课程保障小组做好课程建设所需经费预算，确保经费落实，管理规范，公开透明，为按时按质完成项目既定研究目标提供保障。

（二）"悦绘课程"的资源共享

在基于绘本的生活化课程建设实践中，绘本资源库的建设是非常重要的一环。绘本资源库可以提供丰富多样的绘本作品，为课程教学和亲子阅读提供支持和参考。

绘本资源库主要分为主题电子绘本资源库、课程故事自制绘本和亲子自制绘本三个部分。主题电子绘本资源库可以为基于绘本的生活化主题活动提供大量的主题绘本，以满足不同年龄段孩子的需求。教师可以根据特定主题或教学内容，检索相关的电子绘本，从而更好地引导孩子学习和阅读。课程故事自制绘本是指根据教学内容或特定主题，由教师和幼儿共同创作的绘本作品。这些自制绘本贴近课程需求和幼儿的实际生活情境，有利于激发幼儿的兴趣和参与度。教师可以将这类自制绘本作为教学素材，帮助幼儿在回顾和反思中实现主题经验的巩固和提升。亲子自制绘本是指家长和孩子一起创作的绘本作品。家长可以根据孩子的兴趣和经历，与他们共同创作故事、绘制插图，并加以装订，制作成可供亲子阅读的绘本。

（三）"悦绘课程"的活动共创

"悦绘课程"创生的主题活动需要配套的教学资源来支持实施，以实现协同共创的机制。这些资源可以包括基于绘本的生活化主题活动案例、教学具和区角材料、绘本游戏、优质绘本教学活动设计，以及早期阅读核心素养观察和评价材料等，给教师提供丰富多样的教学环境和经验，促进幼儿的学习和发展。表1-3-2就是这方面的例证。

绘本游戏是根据绘本元素设计相关的游戏活动，以促进幼儿深度阅读。例如，在"胖墩墩的南瓜"主题课程中，幼儿读完《南瓜房子》绘本后，开展"盖房子"的游戏，幼儿可以根据故事中的情节和要求，选择合适的材料来建造自己的小房子。

表1-3-2 "悦绘课程"主题活动配套资源示例

主题	绘本游戏	活动示例	区角材料	课程故事
小班主题： 我的生日会	雕像游戏	音乐活动 《查理的舞会》	生日知多少调查表、蛋糕上的奶油去哪儿了、生日小剧场表演服装	我的生日会
中班主题： 胖墩墩的南瓜	盖房子	体育活动 《运南瓜》	测量南瓜、南瓜成长记、南瓜小房子、南瓜寻宝、南瓜套圈、南瓜量身高	探秘南瓜
大班主题： 印象岭南	菠萝诞庙会	美术活动 《花事》	《茶具三段卡》、狮子头、教玩具《广州早点》	岭南故事

四、评价：幼儿与教师及课程

在发挥评价作用方面，"悦绘课程"研制了多主体、多形式的课程评价方法，既通过幼儿发展评价来把握幼儿学习课程所获得的发展，又通过教师发展评价来把握教师建设课程所获得的发展，还通过课程实施评价来把握学校实施课程所获得的发展。

（一）"悦绘课程"的幼儿发展评价

1.阅读经验发展评价

（1）阅读区角观察：教师对阅读区角的幼儿进行观察，选取观察对象，进行观察记录。通过观察记录来反思和调整对幼儿的指导，促进幼儿阅读能力的发展。评价过程更侧重于活动的过程，侧重于幼儿在想什么、说什么、做什么，并尊重孩子的想法，从而更有效地发挥幼儿学习的自主性。

（2）幼儿阅读能力评价：教师从阅读情感、阅读习惯、阅读能力三个方面对幼儿的阅读能力进行评价，其中阅读情感从阅读态度、阅读持续性两部分进行评价，阅读习惯从翻书习惯、阅读姿势、图书保护三个板块进行评价，阅读能力从阅读内容的理解和阅读策略、阅读内容的表达与评判两方面进行评价。

2. 生活经验发展评价

（1）幼儿自我表征记录：幼儿在读完绘本或在主题探究结束后，回顾学习的历程，运用绘画、建构等多种表征方式，表达自己对绘本的理解，自己最感兴趣的内容，学习的收获与体验，等等。这种内省式的反思，让幼儿既整理了主题学习的全过程，又重新发现了自我，并将上述经验带入下一个主题学习之中。

（2）课程故事：从活动背景（活动缘由、幼儿前期经验调研、前期准备）、活动内容与过程实录（准备阶段、深入探究阶段、回顾展示阶段）、活动回顾与总结（活动特点与价值、教育契机与支持策略）等方面记录幼儿在课程学习中的成长故事。

（3）学习故事：在日常教学情境中，教师用图文形式记录幼儿在学习过程中的一系列关键时刻，关注幼儿感兴趣的事情。教师通过"观察—注意—识别—回应"，记录幼儿的成长轨迹和学习过程。

(二)"悦绘课程"的教师发展评价

（1）活动评析：每一项活动结束后，教师对活动展开过程进行评价分析。这一评价主要着眼于对基于绘本的生活化主题各类活动进行过程性评价。在评析中，教师实现专业能力提升。

（2）主题评价与反思：主题活动结束后，教师进行总体评价和反思，为下一个主题的开展提供参考和借鉴。

（三）"悦绘课程"的课程实施评价

1. 课程前审议

"悦绘课程"实施前，教师、行政、专家等对主题进行课程前审议，让课程以幼儿发展为本，更加适合幼儿的需要，实现教师之间教育教学资源的互利共享，从而促进教师的专业发展。课程前审议分级推进过程如图1-3-6所示。

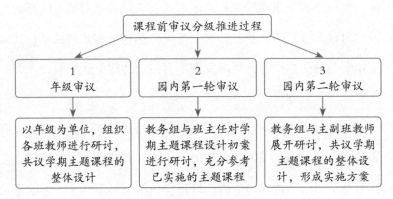

图1-3-6 "悦绘课程"前审议

2. 课程中审议

在基于绘本的生活化课程实施过程中，我们侧重于结合幼儿表现、教师行为和师幼互动质量等几大方面，对具体活动实施进行评价，以便及时反馈于课程的组织与实施，同时注重在课程实施历程中的教研，依托教研活动的开展，来促使教师提高课程实施质量。

3. 课程后审议

基于绘本的生活化课程结束后，教师、行政、家长、专家对课程进行结束后审议，找出课程实施过程中存在的问题，反思总结，助力下一项主题课程的创生。

第四节　效果与反思

"悦绘课程"研究成果应用于不同的幼儿园，形成了具有园本特色的生活化课程模式，打造了多个园所品牌特色。

一、幼儿：在课程学习中绽放素养

随着"悦绘课程"的开发与实施，在基于绘本的生活化课程主题活动中，幼儿的阅读经验和生活经验均得到发展。

（一）阅读经验的发展

基于绘本的生活化课程促进了幼儿阅读能力的发展，包括良好的阅读习惯和行为、理解绘本内容、形成阅读策略，以及表达与评判阅读内容等方面。通过绘本阅读，幼儿逐渐养成良好的阅读习惯，如主动翻阅书页、专注地观察图画、尊重和保护书籍等。这些习惯和行为为幼儿读写能力的发展奠定了基础。

幼儿能够借助智慧阅读灯[①]在阅读区自主阅读绘本，养成了良好的阅读习惯和行为，还能够通过图画理解故事情节、角色关系和情感表达，并逐步学会将图画与文字相联系，形成对绘本的整体理解和阅读策略。

幼儿能够根据图画预测故事发展、用自己的语言描述图画内容、提出问题进行讨论等。如在《我的生日会》主题中，在深度体验绘本的基础上，幼儿能够将绘本《疯狂生日会》生动地演绎出来。

在"绘本+"的多维体验下，幼儿能够用自己的语言表达对绘本的理解和感受，向他人分享自己喜欢的绘本，谈论绘本中的价值观和主题，并逐渐形成对绘本内容的批判式思维。

（二）生活经验的发展

在基于绘本的生活化课程实施背景下，幼儿掌握了必备生活技能，萌发了积极的生活情感态度，能够大胆、自主地探究生活，进而成为乐探究、爱生活、会创造的新时代儿童。

通过"绘本+生活"的深度体验，幼儿了解有关自我、他人、周围事物和不同生活场景等方面的知识，并逐渐形成对生活的整体认知。同时，通过模仿绘本场景或进行角色表演等方式，幼儿学习并掌握了穿衣、洗手、整理物品等基本的生活技能。这些技能的掌握，使得幼儿在日常生活中更加自主和独立，开始学会处理实际问题。

绘本所传达的温暖、友善、助人为乐等积极情感价值观，对幼儿的情感态度产生积极影响。通过阅读绘本，幼儿可以感受到人与人之间的关爱和互

[①] 智慧阅读灯是一种为幼儿提供互动阅读体验的工具。通过使用智慧阅读灯，幼儿可以自主选择绘本并进行阅读，同时获取到与绘本相关的音频、图像和互动元素。

助，萌发积极向上的情感态度。同时，在诸多实践中，幼儿与生活中的人事物充分互动，解决问题的能力得到不断发展。

二、教师：在课程创生中绽放专业

随着"悦绘课程"的开发与实施评价的推进，在基于绘本的生活化课程实践研究中，教师专业能力得到了多方面的发展。

（一）课程创生能力的发展

在实践中，教师基于绘本的生活化课程创生能力不断发展，能够开发出适合幼儿年龄、具有实践性和趣味性的课程。一方面，教师能够依据幼儿年龄特点和发展需求，来预设基于绘本的生活化教育目标和教学计划。另一方面，教师能抓住幼儿的兴趣点和课程生成契机，追随幼儿的脚步，与幼儿共同生成主题探究活动，在促进幼儿深度学习的同时，也提高了专业素养。此外，在资源建设过程中，教师也积累了丰富的绘本游戏和教学案例。

（二）环境创设能力的发展

在基于绘本的生活化课程实践中，教师能够充分运用绘本元素进行学习环境创设，不仅为基于绘本的生活化主题活动打造了主题氛围和互动性强的学习环境，还为幼儿营造了良好的阅读氛围与环境。

例如（如图1-4-1、图1-4-2所示），教师围绕关键绘本《这应该是我的生日会》，以大片明亮温暖、色彩丰富的色调，将班级主题墙创设为幼儿阅读绘本后生发的问题链，并布置了富有绘本元素特色的内容。同时，阅读绘本后，幼儿对生日礼物的设计表征，也根据课程开展需要投放在美工区，方便幼儿参照设计图来动手制作生日礼物，实现环境对主题的促进和推动作用。

图1-4-1 教师创设的阅读环境

图1-4-2 《我的生日会》主题墙

（三）教师反思和自我发展能力得到提升

首先，在"悦绘课程"建构过程中，教师积极参加课程研讨会、读书分享会和主题研究活动等（如图1-4-3所示），更新自己的教育观念和理论知识，从而更好地指导实践。

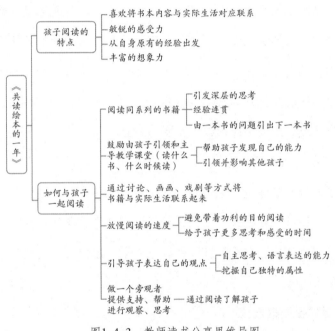

图1-4-3　教师读书分享思维导图

其次，教师更为注重教育教学实践的反思和总结，通过回顾、分析和归纳自己的教学过程，发现存在的问题和不足，加强思考和总结，为今后的教育教学活动提供参考和指导。

最后，教师通过项目共建共研机制，分享教育教学经验和资源，通过观察、听课、评估等方式学习借鉴同行的教学经验，不断提高自己的教育教学水平。同时，教师撰写论文、教学反思和教育叙事，参与培训学习、联合教研活动和对外研讨活动，专业能力得到进一步提高。

三、课程：在课程育人中绽放特色

国内不少幼儿园也进行过与绘本相关的课程设计与实践，但对于绘本与生活化课程结合的研究不够深入和系统。对于以绘本为载体进行数学、科学等幼儿领域教学的研究较多，对于幼儿完整生活经验发展的关注度还不够。而对于绘本生活化主题课程的研究，大多是以某个主题在幼儿园的实践总结为主，缺少系统的生活化课程研究。随着"悦绘课程"的实践探索，课程目标得以逐步达成，形成了课程整体发展的态势。

（一）课程模式系统化

"悦绘课程"的建设，秉持着"活绘本，全儿童，悦生长"的理念，基于绘本开发与设计完整的课程架构，包括课程理念、课程目标、课程内容、课程实施、课程评价、课程管理以及课程成果，建构出指向完整社会人的生活化课程体系。

（二）课程实施情境化

"悦绘课程"的建设，充分依托"绘本+生活"的场景化特色，充分发挥园所、家庭、社区三位一体的教育功能，在真实的生活情境中帮助幼儿构建立体的生活经验，落实"一日生活皆课程"的理念。

（三）课程资源体系化

"悦绘课程"的建设，在开发与实践过程中，以幼儿生活为原点，整合了各类生活化教育资源，充分体现了理论与实践资源并兼、推广性和可行性强的资源体系特点。

四、办学：在课程显效中绽放价值

随着"悦绘课程"建设的持续推进，在基于绘本的生活化课程实践研究中，幼儿园园本课程建设与办园水平实现了整体提升。

（一）带动了园本课程建设及内涵发展

经过多年实践，幼儿园对课程资源的开发利用、内容的选择、组织与实施、课程评价等要素的设计更加科学合理，教师的儿童观、教育观和课程观得以变革，"活绘本，全儿童，悦生长"的课程理念真正得到落实。目前，课程实施更加聚焦于以幼儿为主体，活动形式更为多元灵活。园所教研团队携手共研，共同推进幼儿园课程建设，促进了园所内涵发展，有效提升了园本课程质量和保教水平。

（二）促进了幼儿园教科研水平的提升

项目研究不仅带动了园所的课程建设，也激发了幼儿园教科研活力，从园长到教师的课程建设理论与实践水平得到了大幅度提升。基于绘本的生活化课程体系丰富了本地区幼儿园课程资源。"悦绘课程"的可操作性、普适性强，对区域内其他幼儿园起着参考与借鉴作用。

新时代，新征程。在提倡五育并举、协同发展的当下，基于绘本的生活化课程将会在课程资源的优化组合、课程体系评价的系统化等方面做出更多的实践探索。"悦绘课程"将继续也必将会为学前教育高质量发展提供更多可行的课程样态。

第二章

课程主题：应需而生，悦绘生活

　　"幼儿园主题课程贴近幼儿生活、契合幼儿发展规律和发展需要，可以更好地帮助幼儿获得新的、整体的和有联系的经验。"[1] "悦绘课程"的主题厘定，秉持"应需而生，悦绘生活"的理念，即应幼儿发展需求，从幼儿感兴趣的现象、问题和事件出发，生成适宜的课程主题，并以之构建系列的主题性统整活动，让幼儿在"绘本+生活"的真实情境中悦于绘织灵动有趣的生活，从而获得阅读经验与生活经验的持续发展。具体而言，我们主要从四个方面来实现"悦绘课程"的主题深化：一是主题的提炼与经验的联结，二是主题的丰富与资源的匹配，三是主题的演绎与活动的创生，四是主题的评析与学习的价值。

① 董顺华，董雪菲. 儿童视角下幼儿园主题课程的构建与实施［J］. 学前教育研究，2023（5）.

第一节　起因：主题的提炼与经验的联结

　　课程的存在价值，是为了人的发展。幼儿适宜发展性课程所适宜的是幼儿的生命发展规律，所要实现的价值是让幼儿激发潜能，在德智体美劳诸方面获得不同程度的发展，在语言、健康、社会、科学、艺术诸领域得到适龄化的发展。"儿童是课程的参与者、体验者、创造者。对儿童而言，课程是真实的经历，是经验的生长。因此，课程建设应以儿童学习为中心，厘清主题的价值取向和课程的实施路径，引导儿童主动投入、亲身体验，在实践探索和解决问题中进行深度学习。"[①]

　　对于"悦绘课程"，我们以幼儿发展为中心，以幼儿经验为纽带，以幼儿生活为学习场，在适宜的多样绘本里和贴近幼儿的广阔世界里，去提炼出幼儿发展所需的课程主题，让幼儿基于绘本的悦读、探读与创读，沉浸于生活化情境里，了解主题关涉的事件，理解主题关涉的现象，解决主题关涉的问题，获得阅读经验与社会经验的持续发展。

---

① 李淑英. 与儿童一起创生主题课程 [J]. 江苏教育，2022（74）.

一、课程主题如何择定

课程主题"意指课程的某一单元、某个时段所要讨论的中心话题……幼儿园课程中的主题，往往不只是中心议题本身，它还包括中心议题蕴涵的或与中心议题相关的问题、现象及事件等等"[1]。幼儿喜欢什么、关注什么、质疑什么，是我们创生"悦绘课程"的基点；幼儿从绘本中发现什么，对绘本要探究什么，依托绘本要创造什么，是我们创生"悦绘课程"的质点；幼儿已有怎样的阅读经验、已形成怎样的生活经验，尚待生成怎样的生活经验，是我们创生"悦绘课程"的效点。把握幼儿对大千世界的兴致所在、对绘本天地的兴致所在、对生活经验的兴致所在，先提炼出适合幼儿的统整性学习主题，再提炼出匹配这一统整性学习主题的系列活动，然后提炼出有利于幼儿发展的经验，更能显现基于绘本的生活化课程创生的启动价值、推进价值和反馈价值。

课程主题的提炼如下。

（一）从阅读兴致点处着力

绘本是老少皆宜的读物，它以简练的文字和简明的图画，以及意蕴悠长的情境吸引人。当绘本与幼儿的生活直接相关，尤其是当绘本所呈现的是直接关联幼儿生活经验的情境时，幼儿往往对这样的绘本爱不释手，生发探究的兴致。为此，我们从幼儿阅读的兴致点出发，着力于课程主题的提炼。

当绘本的内容与幼儿的实际生活紧密相连，尤其是当绘本所呈现的情境

---

[1] 虞永平. 论幼儿园课程中的主题 [J]. 学前教育研究，2002（6）.

与幼儿的生活经历息息相关时，幼儿往往会被其深深吸引，并激发出强烈的阅读兴趣。因此，为了点燃幼儿对绘本的阅读热情，我们应紧密围绕幼儿生活经验，遴选适宜的绘本，关注幼儿的探究意趣，抓住契机，提炼有价值的课程主题。

首先，我们要选择那些与幼儿生活经验紧密相关的绘本主题。例如，家庭生活、友情、成长等主题，这些主题与幼儿的生活紧密相连，容易引发他们的共鸣。其次，我们要注重绘本的图画和文字表达。绘本的图画应形象生动，色彩鲜明，以吸引幼儿的注意力；文字则应简洁易懂，符合幼儿的阅读水平。最后，我们可以通过互动和讨论来激发幼儿的阅读兴趣。在阅读绘本的过程中，我们可以与幼儿进行互动交流，提出问题，展开讨论，引导幼儿深入思考绘本所传达的信息，从而催生其深入探究的意趣。

例如，主题活动"抱抱"的生发印证了幼儿绘本阅读意趣的驱动作用。"抱一抱""搂一搂""拥一拥"是幼儿喜欢的体验，是值得幼儿谈论与探讨的话题，是幼儿对其展开探究而可能获益良多的活动。幼儿对绘本《抱抱》的兴致很高，由此生发了相应的课程主题。

开学初的一次区域活动中，小班的孩子们被绘本《抱抱》吸引住了，他们讨论起绘本的情节：

"小花蛇妈妈和宝宝是缠绕着抱在一起的。"

"大象妈妈和宝宝是用鼻子抱在一起的。"

"河马宝宝趴在河马妈妈的身上，抱在一起。"

"当小猩猩BOBO终于找到妈妈时，它们紧紧地抱在一起，它们脸上的表情好幸福呀！"

孩子们不由自主地模仿着绘本中的画面：

"我们是小花蛇，我们是猩猩，我们是大象……"

随后的几天，他们兴奋地分享着自己的发现：

果果说："我的小姨来广州，我们去机场接她，妈妈开心地抱着她。"
宸宸说："我一放学，爷爷就抱着我，我舍不得下来。"
元元说："我在市民公园看到两只瓢虫抱在一起呢。"

从交流情况来看，幼儿对"抱抱"是很感兴趣的，尤其是动物们的各种抱抱姿势，是在干什么呢？也是在互相安慰、表达喜爱吗？幼儿对此有很浓的兴致点，进而生成好奇心和探究欲。如果就此创生相应的主题课程，幼儿会生发怎样的学习情境呢？《3—6岁儿童学习与发展指南》指出："要贴近幼儿的生活，选择幼儿感兴趣的事物和问题，去拓宽幼儿的经验和视野"，"幼儿在与同伴的交往过程中，不仅学习如何与人友好相处，也在学习如何看待自己、对待他人，不断发展适应社会生活的能力"。也就是说，幼儿因阅读绘本而生发的兴致点，正是我们提炼主题而创生课程的开启点。

于是，我们抓住小班幼儿对身体接触感兴趣、有好奇心与探究欲的这个特点，开展了"抱抱"主题活动，让他们更深刻地理解拥抱，让他们在幼儿园这个大家庭中，在与小伙伴、老师和幼儿园的叔叔阿姨相亲相爱的过程中感受幸福，也让他们真诚地付出关爱，开怀地相互拥抱，感受和乐、温暖的人际关系，发展社会性，从而健康快乐地成长。

（二）从生活兴致点处着力

生活是人类与自我、自然、社会相互交织的舞台，是人类为求生存与发展而进行各种活动的经验汇聚之地，更是人们感悟生命意义、激发生命活力的价值源泉。幼儿在生活之中成长，同时，在成长的过程中也在不断地体验生活。幼儿天生对生活充满浓厚的兴趣与无尽的好奇，他们总想在生活的每一个角落去发现、去探索、去创造。这种好奇、好问、好探索的天性，成为其成长的助推器，为其发展提供了丰富的动力点。教育即生活，生活即教育。幼儿生活的兴致点，也是我们提炼课程主题的着力点所在。

在幼儿眼里，生活中的所见所闻无不奇妙、所经所历无不美妙。对于这些奇妙的见闻、美妙的经历，幼儿总是乐于分享，也会提出萌意十足的问题，还会生发各种稚气满满的探索。抓住幼儿的这些分享，以及相应的问题、探索，就是创生课程的好契机。通过幼儿的分享和问题，我们可以提炼出既满足其发展需求，又珍视其生活探究意趣的主题。比如，通过种植活动，让幼儿亲身体验播种、浇水、施肥的过程，感受生命的成长和变化。这样的活动不仅能够培养幼儿的劳动素养，还能让他们在劳动的过程中学会珍惜和尊重生命。中班"神奇的种子"主题课程的生成恰恰反映了这种方法有效可行。

卓卓是一个很喜欢分享的中班孩子，他的奶奶很喜欢耕种，他时常带一些奶奶栽种的果子回园，与班上的伙伴分享。一天，他从口袋里拿出几粒花生，说道："这是我奶奶种的花生，既是果实，又是种子。"这一句话引起了其他小朋友的兴趣。大家展开激烈的讨论，纷纷提出各自的疑问："为什么有种子？""种子为什么能长出吃的东西？""种子是长出来的，还是买来的？"

从讨论中可见，幼儿对于"种子"的话题很感兴趣，但由于大部分幼儿都没有种植的经验，或者说没有见证过粮食从播种到收获的全过程，对于种子如何变成果实完全不了解，甚至有人认为，粮食只需要去超市、商场里购买就行，至于超市和商场里的粮食是怎么来的，他们一无所知。《3—6岁儿童学习与发展指南》指出："支持幼儿在接触自然、生活事物和现象中积累有益的直接经验和感性认知，引导幼儿关注和了解自然。"生活经验的缺失，也正是课程的来源。这一次由卓卓的分享而引发的讨论，正是一个很好的课程生发契机。

趁着幼儿对种子的来源、生长和收获等有着浓厚的兴致，我们提炼出"神奇的种子"的课程主题，并与相关的绘本相联结，希望通过开展系列的主题活动，让幼儿近距离观察植物的生长过程，能够细心地照顾植物，记录植物的生长过程，提高责任心，爱护植物，关爱自然，珍惜生命，从而发展与丰富相应的阅读经验与生活经验。

二、幼儿经验如何联结主题

从主题的立意看，我们创生"悦绘课程"，旨在依托"绘本+生活"的系列活动，让幼儿深化已有的阅读经验与生活经验，以及发展尚未形成的、对成长有益的生活经验。这就需要在提炼课程主题的同时，将其与幼儿经验相联结，使经由主题确立而展开的课程活动，能够促进幼儿经验的深化与发展。

（一）在常触事物上审视主题

基于儿童视角发现常触事物的主题学习价值，是实现幼儿经验联结的重要途径。我们应尊重幼儿的好奇心和探索欲望，为他们提供丰富多样的学习资源和环境，以促使他们在探索世界的过程中不断成长和进步。儿童的视角独特且具有重要价值，其中蕴含着对世界的好奇心和探索精神。相较于成人，儿童更加关注直接的感官体验和情感交流。因此，我们需要认真观察幼儿的行为反应，深入剖析幼儿对周围事物的感知和兴趣点，以便准确识别常触事物的主题学习价值。

例如，"抱抱"是幼儿再熟悉不过的"事物"，是他们体验多多的"事物"，容易生发新的探索兴趣。对于"抱抱"这一课程主题，幼儿已有怎样的生活经验？对幼儿已有与未有的经验进行梳理，我们创生这一课程的价值取向就会更为清晰。经过与幼儿的谈话、与家长的交流，我们将幼儿的经验与"抱抱"课程主题进行了符合实际的联结，明确了幼儿的发展基础，把握了课程创生的起点。

关于"抱抱"，幼儿有深刻的感受和丰富的经验，他们就是被抱着长大的，而当下依然对"抱抱"有着强烈的需求。幼儿对"抱抱"的经验主要是在自己的家人身上。上幼儿园之后，有了集体生活，幼儿缺少用"抱抱"来主动表达亲近、关心他人等方面的经验，缺少用恰当的方式、力度等去拥抱别人的经验，缺少辨别哪些东西、哪种情况不能抱的经验，同时，关于"抱抱"的礼仪和安全意识，也有待发展与提高。

基于对经验的分析，我们以"抱抱"为主题创生的课程，期望在育人方面达到以下目的：一方面，进一步帮助幼儿理解"抱抱"的含义，深化幼儿关于"抱抱"的经验，让幼儿理解"抱一抱"是情感表达的一种方式，是人们在开心、伤心、害怕和想要关心别人时的一种表达方式；另一方面，帮助幼儿获得社会性的发展，让幼儿学习如何用拥抱来表达关心、关爱，学会与人友好相处，并知道用恰当的力度来拥抱，知道社会交往中"抱抱"的礼仪，对不友好的"抱抱"提高警惕，树立安全意识；另一方面，与相应的绘本相联结，构成"绘本+生活"的学习情境，进一步发展与丰富幼儿的阅读经验。

（二）在少触事物上审视主题

有些事物尽管存在时间很长，但因接触较少，人们往往对其了解不多。对于幼儿来说，触碰少的事物、体验不多的事物，他们所拥有的相应的生活经验也是相对缺乏的，但是一旦有机会接触，他们的探究兴致往往很高。我们创生"悦绘课程"，除了在幼儿日常接触较多的事物上，把握课程主题的生发契机，还会在幼儿日常接触较少的事物上把握课程主题的生发契机。我们需要创设适宜的学习环境，鼓励幼儿多与那些平时较少接触的事物"打交道"，让他们在亲身实践中学会如何发现问题、解决问题，提炼出问题导向的探究主题。

《3—6岁儿童学习与发展指南》指出："幼儿在对自然事物的探究和运用数学解决实际生活问题的过程中，不仅获得丰富的感性经验，充分发展形象思维，而且初步尝试归类、排序、概括、抽象，逐步发展逻辑思维能力，为其他领域的深入学习奠定基础。"我们以"探秘下水道"为主题，展开的基于绘本的生活化课程，就与这一依据相吻合。其中，幼儿经验与主题联结的审视点，就从幼儿极少触碰的下水道起步。

有一天，瑶瑶上完厕所，发现马桶冲不了，臭臭、纸巾和水都流不下去。一旁的卓卓提议："有一次我也冲不下臭臭，我学吴老师，用大水盆接满水用力倒进去就能冲掉了。"看来，幼儿在这方面有"共同语言"，能够分享些许生活经验。

于是，瑶瑶和卓卓尝试用吴老师的办法冲马桶，然而还是失败了。这时，其他小朋友都来围观，你一言我一语地讨论了起来：

"为什么臭臭会冲不下去呢？"

"是因为下面的管道太细了吗？"

"是因为臭臭太大堵住了吗？"

"我们的座厕总是堵，肯定是臭臭和纸巾堵住了。"

"要是一直堵着，我们就不能上厕所了。厕所会变得很臭很臭的。"

"好恶心啊！这么恶心的脏水是流到哪里去了？"

大班幼儿生活经验相对丰富，当看到马桶里的臭臭和纸巾不能冲下去这一现象时，当即发现了问题所在。基于生活经验，他们知道太大太多的东西是不能通过马桶管道的，会导致管道堵塞。他们尝试用已有经验去解决问题，结果失败了，但对于如何解决这一问题的兴趣却更高涨了。

对于下水道的管道结构以及它们是怎么样"工作"的，幼儿的生活经验是较缺乏的。因此，想办法引导他们对下水道"一探究竟"，以有效解决如何减少管道堵塞乃至不让管道堵塞的问题，是我们创生与此相关的课程的意图所在。

于是，我们引导幼儿阅读绘本《下水道历险记》。果然，他们对于下水道的讨论更热烈了，燃起了对下水道的浓烈好奇心与探究欲。立足于幼儿园场景，我们通过关键问题"香雪山幼儿园管道有何秘密"切入，与幼儿一起确立了将要展开的主题活动——探秘下水道。

这一从幼儿较少触碰的事物出发，以解决问题为导向，提炼的探秘主题，所联结的生活经验，主要是幼儿在生活中发现问题、解决问题的经验，还有幼儿解决管道堵塞问题的零散经验。这样的课程创生，尝试调动幼儿的生活经验和身边资源，包括父母、老师、社区工作人员、网络资源等，而动脑、动手解决问题，持续深入地探索下水道的秘密，有利于帮助幼儿习得发现问题、分析问题和解决问题的方法，提高个人的核心素养与综合能力。其中，由表及里的主题探究过程，有利于培养幼儿的节能环保意识，帮助幼儿树立为城市的建设和发展做贡献的公民意识。

第二节　承续：主题的丰富与资源的匹配

课程资源可以说是无处不在，取之难竭，也可以说是所在有限，取之不易。前者，从广义上看课程资源，涵盖了各种对于课程目标得以有效达成的有利因素，只要有利于达成课程目标的因素，都可归之为课程资源。后者，从狭义上看课程资源，直接有利于教学或活动展开，以达成课程目标的因素，方可归为课程资源。这意味着，课程资源的整合与利用，需要讲究的是合宜性匹配。"从课程资源的存在形态上来看，除了外在的物化的硬件类资源，更重要的应该是与人绑定的软性资源。"[①]因此，既从大千世界中整合资源，又从师生本身出发整合资源，是课程创生的必要举措。我们创生"悦绘课程"，在整合资源上，讲究的是在园所、家庭和社区中进行，使绘本及其相关的园所内外场景成为课程资源，也使幼儿阅读绘本的所思所得和相关的生活经验成为课程资源。我们追求的是课程主题能基于各类资源的匹配，让其内容有更多整合和延展的空间，进而让主题实践变得丰富而更具意义。

---

① 周晓燕，董国平.课程资源研究：成果、反思及走向［J］.河北大学学报（教育科学版），2010（6）.

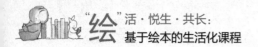
一、课程主题如何丰富

回答这个问题的关键，在于我们对"悦绘课程"性质和定位的把握。"悦绘课程"是基于绘本的生活化课程，它的主题来源于幼儿的生活与绘本的联结，来源于幼儿的阅读经验与生活经验的联结。因此，"悦绘课程"主题的丰富，在于幼儿对于绘本、对于生活、对于阅读经验、对于生活经验这些方面的有效把握，在于抓住幼儿的好奇心、兴致点与探究欲，整合相互关联的资源，并以已有资源与生成资源共同推动课程的创生。

"悦绘课程"是旨在促使幼儿获得阅读经验与生活经验的深化与发展的园本课程，它的主题的丰富，一要看幼儿基于绘本的阅读，已有怎样的个人化经验和群体化经验，这些经验梳理得越多，课程主题活动也就越发丰富多样；二是看幼儿基于生活的收获，已有怎样的个人化经验和群体化经验，这些与主题关联的经验越多，也就越能预设与生成丰富多样的课程活动；三是看幼儿基于主题的阅读经验与生活经验，尚待发展的经验可能有哪些，厘定越多的与年龄特点相符的待发展经验，越能显现课程主题及其活动的丰富。

（一）三方支持

儿童视角下的幼儿园主题课程不是极端的以儿童为中心的课程，它以促进幼儿有效发展为价值取向，但不割裂幼儿发展的整体性以及幼儿发展与外部环境之间的联系性。其实践必须把握好三个基本原则，一要把促进幼儿的整体成长放在首位，二要强调课程的实践导向，三要重视教师的支架作用①。也就是说，"悦绘课程"主题的丰富，关键在于能够以幼儿发展为中心，围绕绘本及其关联性生活，进行资源的有效整合，既顾及幼儿个体的整体性发展，又顾及幼儿与自我、与自然、与社会的互动性发展。亦即，幼儿个人生命的完全发展与生活意义的持续发现，是提高"悦绘课程"主题丰富性的要旨。

想要做到课程主题的丰富，首先需要三方支持，即园所成为课程资源，家庭成为课程资源，社区成为课程资源。

以"抱抱"为主题的"悦绘课程"，我们除了提供园所特定的课程化生活场域，还要在绘本的筛选、家长资源和社区资源的联动等方面提供匹配性支持。

在幼儿园，师幼共读绘本，聚焦幼儿感兴趣的问题进行讨论，通过手工、绘画、表演等方式表达对"抱抱"的理解，通过与幼儿园里的园长、老师、小伙伴、厨工、水电工、安保人员、清洁阿姨进行"抱抱"互动，激发幼儿探索的兴趣和热情，促进幼儿对问题的深入理解和认知。

家长资源体现在以下方面：一是家长协助幼儿收集有关"抱抱"的绘本，并带回园内分享，既要在家和幼儿共同阅读与"抱抱"主题相关的绘本，激发幼儿的阅读兴趣，又要多和幼儿拥抱，让幼儿感受"抱抱"带给自己的愉悦感；二是开展"抱抱"分享会，让幼儿分享自己和家人"抱抱"的各种姿势，大胆地表达自己的感受，发展语言表达能力；三是举办"抱抱"舞会，邀请家长来园和幼儿一起参加"抱抱"新年舞会，感受亲子共舞的

---

① 董顺华，董雪菲.儿童视角下幼儿园主题课程的构建与实施[J].学前教育研究，2023（5）.

甜蜜。

社区资源方面，主要有如下做法：一是鼓励幼儿在社区里与同伴多接触、多玩耍，让幼儿学会用合适的方式体验"抱抱"，从而在社交环境中敢于交往、勇于表达；二是与附近的图书馆合作，为幼儿提供阅读材料和图书借阅服务，并定期带领幼儿去图书馆参观、借书，培养他们的阅读兴趣和能力。

（二）原点聚焦

想要丰富课程主题，还需要做到原点聚焦。"悦绘课程"的主题原点，就是绘本与生活。我们应以弹性计划来确保幼儿"绘本+生活"经验的完整性和连贯性。为了实现绘本和幼儿生活的融通，以绘本作为基点的透析便显得尤为重要。我们把绘本分为关键性绘本和拓展性绘本，并从生活化的视角来审视绘本，斟酌这两类绘本如何支撑和丰富课程主题。

关键性绘本作为课程的核心内容，承载着课程的主要目标和理念，能够引导幼儿深入理解主题的核心概念和价值取向。而拓展性绘本则作为补充和延伸，能够延展课程内容，发散幼儿思维，支撑幼儿进行主题探究。在斟酌两类绘本如何支撑和丰富课程主题时，我们要充分考虑到幼儿的年龄特点和认知水平。对于低龄幼儿，我们更注重关键性绘本的选择与运用，通过生动有趣的故事情节和形象直观的插图，引导幼儿直观感知主题探究的趣味性。而对于能力更强的大班幼儿，我们则更加注重拓展性绘本的引入与运用，通过更具挑战性和深度的内容，引导幼儿深入思考、自主探究，培养其独立思考和解决问题的能力。

二、绘本资源如何匹配主题

绘本可谓最合宜的童书，因为绘本能够以其容易"上手"的姿态，融入幼儿的学习与发展之中。这种"上手"，是因为绘本所表达的主题内容，所运用的表现形式，由此及彼的联想与想象，能够让幼儿倍感亲近。作为适宜的课程资源，绘本是幼儿喜闻乐见的，是与幼儿的成长相关联的，是与幼儿的生活相契合的，是与幼儿的好奇心、兴致点与探究欲相融通的。作为主要的课程资源，绘本融入"悦绘课程"需要做到与主题相匹配。在实践中，我们确立课程主题也往往依托绘本来展开。将绘本关联生活，引发幼儿的进一步思考与实践，使绘本成为最适宜的课程资源。

就小班"抱抱"课程主题来说，我们将《抱抱》这本几近无字的绘本作为关键性绘本。它只出现"抱抱""妈妈""宝宝"三个词语，通过主人公小猩猩丰富的表情和充满童真的肢体语言，展现出一个完整、温暖的故事：小猩猩走丢了，在找妈妈的路上看到各种相亲相爱的动物，它们都和自己的妈妈热切地抱在一起。大象妈妈在小猩猩难过的时候拥抱了它，让它感受到温暖和力量。找到妈妈后，小猩猩用"抱抱"表达对所有帮助过自己的小动物的感谢。猩猩母子重逢时紧紧抱在一起，表达对彼此的想念和爱，母子闭着的双眼和幸福的神情温暖着每颗心。故事情节调动起幼儿的生活经验，深刻感受和理解拥抱所带来的美好情感成为串联"抱抱"主题的主线。《爸爸的魔力抱抱》《不是每个抱抱都美好》《这是谁的抱抱》等则作为拓展性绘本。阅读这些故事性极强的绘本，有助于进一步发散幼儿的思维，拓展幼儿的视野，滋长幼儿的经验。

第三节　转折：主题的演绎与活动的创生

教学活动是一个师幼互为主客体的完整的课程实践链条。学前儿童心智还不成熟，其所积累的经验也较为有限，他们要获得有效的发展，就必须有教师的引导和支持，否则幼儿无法有效建构起对课程主题和课程内容的意义认知[①]。在具体的教学与活动展开过程中，教师是教的主体，幼儿是学的主体，双方以互动共进的方式推进教学与活动。预设主题后，"悦绘课程"需要考量并做到主题的演绎与活动的创生并轨而行。换句话说，基于绘本的生活化课程的主题演绎过程，就是活动展开过程。亦即，课程要想真正发挥引领幼儿学习与发展的作用，不仅需要主题的充分预设，也需要依托活动的创生。需要师幼携手，以教师为教之主体，以幼儿为学之主体，共同创生课程，演绎主题与创生活动，使幼儿在基于绘本的生活化活动中获得适宜的发展。

[①] 董顺华，董雪菲. 儿童视角下幼儿园主题课程的构建与实施［J］. 学前教育研究，2023（5）.

一、课程主题如何演绎

解决这个问题的关键，在于以实践为导向。课程主题的演绎是课程创生的一项实践性任务，需要强化幼儿的参与，体现出幼儿全程融入其中的特点。想要让课程主题的演绎密切地联动幼儿，首先要以幼儿为行为主体，拟定幼儿学习这一课程要达到的目标，让人透过学习目标即可明确课程主题的演绎价值，其次要以幼儿为活动主体，绘制幼儿学习这一课程可能呈现的脉络，让人透过学习脉络即可明确课程主题的演绎路向。

（一）围绕目标的实施取向

"悦绘课程"的学习目标聚焦于两方面：一是阅读经验发展目标，二是生活经验发展目标。"广州地铁"主题课程的创生意图，就可分解为两项学习目标，以体现出对主题的演绎。

阅读经验发展目标：通过阅读绘本了解地铁的外形特征，知道地铁是一种现代化的地下交通设施，并能根据画面说出发生了什么，同时，在初步理解故事的过程中体验地铁小银从害怕黑暗到克服黑暗的过程；能联系生活，阅读与地铁相关的绘本，并在阅读绘本的过程中，乐于提出有关地铁的问题，学会用清晰的语言描述出地铁的外形特征，同时尝试理解他人的想法和感受，愿意与同伴合作完成与地铁相关的建构作品；能用自己喜欢的方式保留和积累关于地铁的探索与发现，大胆地创造与表现出自己的所思所想；开展小主播活动，能口齿清楚地说出关于地铁的儿歌，或复述与地铁相关的故事；了解绘本的简单结构，包括封面、封底、书脊、故事内容，并能制作"地铁"小书。

生活经验发展目标：知道地铁是城市的重要交通工具，感知地铁与自己生活的密切关系；通过参加亲子乘坐地铁实践活动，了解地铁是怎样运行的，并在乘坐地铁时具有一定的适应能力和自我保护能力；通过参观广州地铁博物馆，了解地铁的基本知识及与地铁建设相关的故事；了解地铁车厢的结构和功能，懂得乘坐地铁的基本程序和行为规则；认识地铁路线，知道家附近的站点名称；在情境剧中能与同伴相互合作，共同完成表演，享受表演带来的乐趣；乐意参与建构游戏，能围绕地铁主题进行建构设计，并初步学会看简单的设计图，尝试运用悬空搭高、平衡对称、安插镶嵌等技能建构出地铁以及与地铁相关的建筑。

（二）动态生成的学习脉络

课程创生以"地图"的样式来呈现课程的整体路向，铺排课程主题阶段化演绎的节奏。"课程地图以课程计划的形式引导课程的走向，同时在课程实施过程中又不断激发和衍生新的课程主题。这也就意味着，主题活动是围绕某个中心内容开展活动，但不是全部围绕和仅仅停留于既有的主题内容范畴，如果随着课程实践的深入，有必要生成新的课程主题，教师就应该建构一个新的课程主题活动。"[1]我们以学习脉络来展示"悦绘课程"的整体地图，它要做到的，是以幼儿为活动主体，绘制幼儿学习某一主题课程的可能路径。

"悦绘课程"的学习脉络依循"悦读生活—悦探生活—悦创生活"的路向，来整体构建课程学习的预设活动与生成活动。"广州地铁"主题课程的

---

① 凌晓俊，曹英.幼儿园生成式探究性主题课程的建构与实施［J］.学前教育研究，2021（10）.

学习脉络，就是沿着这一路向来展开的，这实际上也呈现出课程主题的阶段化演绎。

如图2-3-1所示，依据幼儿的学习兴趣和发展需要，"广州地铁"主题课程学习脉络的每个阶段均生成了部分带星标的生成性活动，与课程主题的预设活动相辅相成，意在通过预设性活动与生成性活动来显现课程主题的活动化演绎，彰显幼儿的经验将沿着学习脉络的展开而获得有效整合。

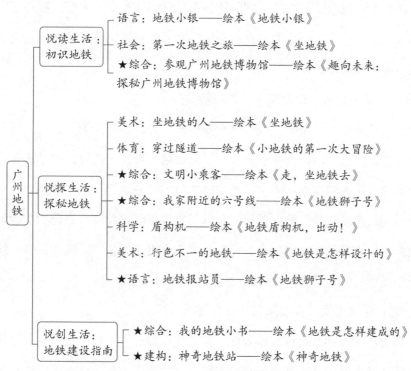

图2-3-1 "悦绘课程"之"广州地铁"主题课程学习脉络（★表示生成性活动）

从学习脉络这一课程地图来看，"悦绘课程"通过活动设计来展开的主题，既以前置性的方式来预设基于主题的系列活动，又以后置性的方式来生成基于主题的系列活动，使课程主题得以动态化完善。

二、活动创生如何深化主题

幼儿学习与发展所依托的展开方式，主要是活动，包括健康、语言、社会、科学、艺术方面的领域性活动，也包括涵盖德智体美劳诸方面的综合性活动。对于"悦绘课程"，领域活动和综合活动也聚焦于主题而展开。一项具体的"悦绘课程"，在总主题的统领下，分解为若干子主题，展开于不同的领域活动和综合活动之中，这两类活动共同承担着深化与发展幼儿阅读经验与生活经验的任务。

（一）基于必要，提前预设：领域活动

领域活动作为"悦绘课程"的重要组成部分，涉及健康、语言、社会、科学和艺术。这些活动以主题为核心，通过精心设计的内容，引导幼儿在各个领域进行深入的探索与学习，是主题探究的"助推器"。这些必要的主题领域活动大多是教师依据主题目标和可用资源提前预设的。充分的主题预设必然会引发主题的新的生长点，能为教师提供更多的教学资源和灵感，使其最终生成更为整合乃至于更为高阶的综合活动。

（二）循问生发，持续探究：综合活动

综合活动因其系统性和整合性，在"悦绘课程"架构中占据重要地位。这类活动通常涵盖多个领域的核心素养，往往源于主题探究过程中幼儿生发的问题，通过综合性的任务和挑战培养幼儿的跨学科思维和问题解决能力，最终实现主题经验的迁移与运用。

例如，在"抱抱"主题课程中，幼儿逐步认识到并非所有的"抱抱"都能带来愉悦的感受。这一发现激发了他们对"怎样抱才舒服"这一问题的

探究兴趣，并围绕这一问题开展了一系列综合探究活动。在解决问题的过程中，幼儿不仅学习了拥抱的正确姿势与技巧，还通过制作精美的拥抱卡片、编写富有情感的拥抱故事等多元化活动，进一步丰富了自身对拥抱这一行为的理解与感受。

第四节　综合：主题的评析与学习的价值

　　"悦绘课程"从主题出发，创生基于绘本的生活化活动，让幼儿融入其中，从而展开深度学习，促进阅读经验与生活经验的深化与发展，体现的是这一课程的育人品质。把握这一育人品质，我们需要在评估上发力，对课程主题进行全面品鉴，以整体性诊断与反思这一课程的学习价值所在，进而改进课程结构，为"悦绘课程"迭代奠基。

　　从课程价值意图来看，我们追求的是经由基于绘本的生活化课程创生，发现、理解、尊重幼儿，将幼儿的生命成长规律作为活动开展的基础，从而助力幼儿学会阅读绘本，并融入生活化活动情境，建立起积极向上的生活态度，实现阅读经验与生活经验的深化与发展。这样的课程价值，随着课程的创生而实现。因此，在课程创生完成时，我们站在幼儿学习与发展的立场，展开课程效益的反思，主要回应两大问题，一是课程主题如何评析，二是学习价值如何印证主题。

一、课程主题如何评析

课程主题的评析，无疑是一个至关重要的环节。在此过程中，我们需审慎考量课程主题的选择是否充分契合幼儿的认知特点及兴趣所在。同时，我们还需深入剖析主题内容是否能够有效引导幼儿开展深度阅读及引发他们的思考。除此之外，我们亦应关注课程主题与幼儿生活经验联系的紧密程度，确保课程内容能够真实反映幼儿的生活实际，确保课程质量的持续提升。

"悦绘课程"是基于绘本的生活化课程，它的主题与绘本、与生活密切关联，要么因阅读绘本并联结生活进而生发相应的主题，要么因生活体验并联结绘本进而生发相应的主题，同时，在课程主题确立后，课程创生也紧扣主题而推进。因此，对于课程主题的评析，我们从"促进阅读与学习效能"上来考量。

例如，随着"广州地铁"主题的深入发展，我们可通过主题评析了解幼儿早期阅读能力的发展脉络。这一主题的引入，不仅深化和拓展了幼儿的生活经验，也促进了其阅读、理解、表达等多方面学习效能的发展。通过师幼共读、深度讨论、拓展阅读以及自制绘本等活动，幼儿表现出在主题学习情境中自然生长的学习轨迹，教师可由此进一步了解"悦绘课程"螺旋上升的增长点，帮助幼儿通过主题评析参与到课程的建构和完善中来。

二、学习价值如何印证主题

我们需对幼儿在课程学习过程中的知识掌握、技能提升以及情感态度转变等方面进行深入分析，以全面评估课程的学习价值。此外，我们还应着重探讨这些学习成果与课程主题之间的内在联系，确保二者相互印证、相辅相成，从而验证课程设计的合理性与有效性。

聚焦生活，联结绘本，活化经验，让幼儿在生活中学习与发展，是我们创生"悦绘课程"的中心任务。其中，"确立主题"是上联"聚焦生活""联结绘本"，又是下联"展开活动""活化经验"的关键一环。这意味着，对课程主题择定的评析至为重要，而随之创生的课程是否充分显现出学习价值，则需要进行深入的评析。因此，基于绘本的生活化课程，在学习价值如何印证主题上，我们紧扣"丰富生活与课程价值"来操作。

例如，我们发现"抱抱"主题活动的创生，对于幼儿阅读经验的深化与发展起到了显著的推动作用。"抱抱"主题活动以其充分的预设和围绕幼儿经验的活动创生，有效促进了幼儿阅读经验的深化与发展。通过这一主题活动，幼儿对于社会情感类绘本的阅读能力和情感表达能力得到了显著提升，有关情感表达和社交技能等生活经验方面取得了长足进步。

第三章

课程资源：因幼而择，悦绘生活

　　学习的本质，是学习者在与"环境"交互的过程中获取新信息并纳入已有的认知结构，在不断同化、顺应中深化认知体系和经验的过程[①]。课程建设离不开各种资源的整合与利用，我们需将有益资源融入幼儿真实的生活情景。确立课程主题并拟定课程目标后，我们就要择定课程资源，以期更好地达成课程目标。

　　"悦绘课程"的建构及其具体的主题课程的创生，需要在"素材性资源"和"条件性资源"上，做好整合、利用及优化的工作。一方面，基于"因幼而择，悦绘生活"理念，去择取有益于幼儿学习与发展的绘本，且从幼儿的阅读经验和生活经验出发，将绘本资源与生活资源相整合，进而构成生活化的学习内容。另一方面，要充分挖掘和利用家庭、社区资源。

---

① 拉尔夫·泰勒. 课程与教学的基本原理［M］. 罗康，张阅，译. 北京：中国轻工业出版社，2017：65.

第一节　绘本：从图文到生活的意趣

手捧绘本，仿若捧着一个世界，这个世界里有民间的、童话的、幽默的故事，有亲情、友情、爱情，有自然，有战争，有死亡，有创想，等等，各种美好的与不够美好的，以一个个完整而灵动的图文故事，讲述着真实的生活、尚善的社会、溢美的时空。绘本能为孩子们开启一扇通向广阔世界的窗户，幼儿在观察并思考图画所传达的信息的过程中，不仅能增进对周围环境的认知和理解，还能迸发想象与创造，为后续学习奠定坚实基础[①]。将绘本作为资源并整合优化成课程内容，能让幼儿感受与体验从图文到生活的意趣、形成共通的阅读体验和生活经验。因此，我们创生"悦绘课程"，在素材性资源的整合与利用及优化上，讲究的是选出贴近幼儿生活的绘本，并力求能够进行活跃幼儿生活的绘本解构。

---

① 彭懿. 图画书应该这样读［M］. 南宁：接力出版社，2012：7.

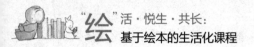

一、选择贴近幼儿生活的绘本

人与自我、人与自然、人与社会，是我们选择绘本的基本向度。

在绘本与活动的融合上，主要涵盖两种策略：一是教师在综合考量幼儿兴趣以及经验发展需求的基础上，择优挑选绘本，将绘本情景巧妙链接、融入生活化活动中，以提升活动的内涵；二是依据幼儿生活契机事件开展活动，并根据实际需求适时选择合适的绘本补充与拓展幼儿经验，提升整体活动效果。在开展的形式上，教师可提供不同题材的系列绘本给幼儿自主阅读、同伴议读、全体赏读，基于系列绘本创生主题性活动。

（一）聚焦系列主题，匹配绘本资源

自开展"悦绘课程"的建构性研究以来，我们已经形成了这一课程的系列主题，围绕这些主题，教师开展了扎根实践的课程创生，并注重过程性资料的积累。每一项主题课程都建立了绘本资源库，呈现出绘本与课程主题相匹配、绘本与幼儿生活相匹配的特点，也为新一轮的课程创生打好了素材性资源基础。

（二）绘本联结生活，促进经验生长

"悦绘课程"的主题生成，可源于幼儿的绘本阅读经历，也可源自幼儿生活中的点滴。在选择绘本时，应以幼儿的生活经验为核心标准，兼顾课程主题的开展，汇聚"关键性绘本"与"拓展性绘本"，形成丰富多样的绘本素材库，为幼儿开展绘本生活化活动提供必要的资源保障。其中，绘本选择标准和方法详见表3-1-1。

表3-1-1　"悦绘课程"素材性资源（绘本）择选列举

年龄段	主题	绘本是否贴近幼儿生活	
		类别	内容与价值
小班	我的生日会（人与自我）	关键性绘本	《这应该是我的生日会》：形象生动地展现了妹妹为哥哥筹备生日会的过程，有利于幼儿初步了解生日会的筹办过程。绘本诙谐幽默的故事能帮助幼儿识别、感受主人公的情绪变化，从而发展情绪理解能力和共情能力，启发幼儿在为他人庆祝生日时，应充分考虑他人的喜好，而非仅凭自己的喜好行事
		拓展性绘本	《今天是我的生日》《生日派对》《温妮，生日快乐》《超级生日无敌派对》：包含了各种庆祝生日的场景，在环境布置、社会交往、语言表达方面都有明确的指向，能够帮助幼儿了解举办生日派对的基本流程和庆祝生日的多种方式
中班	呀！蘑菇（人与自然）	关键性绘本	《看！蘑菇》：通过绘本，我们可以先观察蘑菇的形状、颜色等易于观察的外表，再了解菌丝、孢子等肉眼看不见的微观世界，从而加深对蘑菇的认知。读完全书后，我们会惊讶地发现，原来有的蘑菇能长到三层楼房那么高，有的蘑菇可以吃虫子，蘑菇的颜色也有赤橙黄绿青蓝紫……绘本将复杂抽象的知识转化成通俗易懂的图文，拉近幼儿与科学的距离，满足了幼儿的好奇心和求知欲
		拓展性绘本	《一个、两个、三个，蘑菇下躲雨》《蘑菇幼儿园》《等待美丽故事发生的蘑菇伞》《热心的小蘑菇》等：涵盖了跟蘑菇主题相关的内容，拓展幼儿的认知范围，丰富幼儿的词汇，提高幼儿的语言表达能力，激发想象力与创造力，促进综合素养的提升
大班	我的家乡（人与社会）	关键性绘本	《龙的故乡》：以元宵节为背景，讲述了定居在国外的华人小女孩儿怀揣着故乡梦，回到故乡龙门岛寻龙、圆梦的美好经历。这一绘本的整个故事以幼儿为本位，富有童趣，故事中隐藏着暖暖的乡情和亲情，蕴含着文化的传承，能够激发幼儿对家乡浓浓的探究欲望，感受中国人乐观、积极的生活态度

续表

年龄段	主题	绘本是否贴近幼儿生活	
		类别	内容与价值
大班	我的家乡（人与社会）	拓展性绘本	《我爱我的家乡》《请到我的家乡来》《故乡》《回老家过年》等：这些绘本情节生动有趣，画面元素丰富、多元，色彩缤纷鲜艳，角色形象鲜明，故事情节通俗易懂，能够丰富幼儿的语言表达能力，在激发幼儿充沛想象力之余，启发幼儿对家乡的认知了解，增进幼儿对家乡的归属感和认同感

二、解构绘本拓展幼儿的经验

在初步确定与选取绘本后，需进一步对绘本进行细致入微的解构，将其转化为具体的学习资源，通过设定明确的学习目标并绘制出清晰的学习脉络图，帮助幼儿更好地融入绘本所呈现的生活化活动，为幼儿提供一条切实可行的学习路径。通过这样的转化和处理，为幼儿打造一个既丰富又系统的素材资源库，不仅有助于深化幼儿的阅读经验和生活经验，还能够激发他们的探索欲望和创造力。值得注意的是，我们要明晰"绘本内容"与"主题核心经验"的匹配关系，明确绘本学习对于幼儿发展的价值所在，进而充分发挥这些素材性资源的活化价值，使它们能够在幼儿的学习过程中发挥出最大的效用。

（一）绘本素材"化为"学习目标

对于"悦绘课程"的解构，我们确定了整体性的课程目标（见第一章表1-3-1），包括阅读经验发展目标和生活经验发展目标。这两大方面的课程整体目标，需要通过一项项具体的主题课程来达成。因此，基于素材性绘本资源，我们除了从内容与价值的角度对绘本进行解构外，还将对绘本的解构转化为学习目标，使之成为活跃幼儿生活的操作载体。下文以"我身边的公园"主题课程为例，呈现其基于素材性绘本资源的学习目标的制定。

1. 确立素材性绘本资源

《蝴蝶公园》是主题课程"我身边的公园"的关键性绘本。它通过描绘一个小女孩在新环境中的生活经历，展现了她如何在新的社区中寻找归属感，并与自然和谐共处的过程。小女孩因为搬家而离开了旧友，在新家附近发现了一座美丽的蝴蝶公园。从此，这座公园成为她与新环境之间的桥梁。她通过观察公园中的生物，开始思考自然世界的奥秘，并逐渐对公园产生了浓厚的兴趣。绘本通过细致入微的描绘，展现了小女孩在蝴蝶公园中与各种动物和谐相处的场景。这不仅有利于激发幼儿对自然的热爱，也引发了他们如何关爱和保护环境的思考。同时，绘本还通过精美明丽的剪纸插画，向幼儿展示了自然事物的奇妙之处，让幼儿的想象力和创造力得到迸发。

《卢森堡公园的一天》《我们的公园》《去公园》《森林小记者》等拓展性绘本，描述了公园的设施、公园里发生的事情，引发幼儿思考"外出游玩，要遵守规则吗？""公园里的各种垃圾，如何清理和分类？""公园里各种动物挤在一起，乱糟糟的，该如何处理？""怎样关爱和保护环境？"等等。这些绘本通过通俗易懂的故事情节，激发幼儿的想象力，启发幼儿对身边事物的思考，有助于拓展幼儿思维的广度和深度。

2. 解构绘本预设学习目标

在充分研析绘本素材，联结幼儿的兴趣和发展需要的基础上，教师预设了"我身边的公园"主题课程的学习目标。

（1）阅读经验发展目标：通过绘本阅读，了解公园的基本结构、自然景观和人文设施，并喜欢自然界与生活中美的事物；能自主阅读关于公园的绘本，喜欢与同伴交流绘本内容，并尝试续编、创编关于公园的绘本，大胆地创造与表现出自己的所思所想；能联系生活阅读绘本，看主题相同或相似的绘本，并乐于在阅读中提出有关的问题，养成良好的阅读习惯；喜欢倾听他人的讲述，能听懂和运用常用语言，具有初步的阅读理解能力，具有书面表达的愿望和初步技能，能说清自己的观点。

（2）生活经验发展目标：能关注身边的公园，通过观察公园内的花草树木、小鸟、昆虫等自然事物，感知生物的多样性和独特性，关注和思考生活环境对动植物的影响；愿意和家人一起逛公园，了解公园的游园要求，知道一些游玩的礼仪，爱护公园环境，注意公共卫生；主动进行垃圾分类，并注意节约资源；喜欢探索，大胆探索公园里发现的问题，并积极思考解决问题的办法，初步学习生活中的简单统计；在公园里进行社会实践，能主动、大胆地采访社区居民，能大方地与人交流，在担任小记者时能认真倾听、主动提问，同时用图画和符号记录采访内容；能在集体活动中共同创造作品，学习分工合作，体会群体活动的乐趣，萌发集体荣誉感，形成合作经验；为本地拥有如此丰富、漂亮的公园感到高兴和骄傲，对自己所处的社会环境产生认同感和归属感。

（二）绘本资源"化为"学习脉络

有了对素材性绘本资源"内容与价值"的解读，加之以"学习目标"进行课程目标具体化，以及以"学习脉络"进行学习目标路径化，我们对课程资源的整合与利用及活化，就做到了然于胸，呈现出活跃幼儿生活的资源化图景。所谓学习脉络，就是依循"悦读绘本与初绘生活—悦探绘本与深绘生活—悦创绘本与延绘生活"三阶段，铺排基于绘本的生活化系列活动，以展现幼儿深化发展阅读经验与生活经验的路线图。下文以小班主题课程"抱

抱"、中班主题课程"呀！蘑菇"、大班主题课程"我的家乡"为例，分别
呈现人与自我、人与自然、人与社会的主题课程学习脉络。

1. 小班主题课程——"抱抱"

如图3-1-1所示，"抱抱"主题课程主要按照"了解—拓展—延伸"的
发展脉络进行。其中，依据幼儿在主题课程中自然生成的兴趣和发展需要，
每个阶段均生成了带有部分星标的生成性活动，与课程主题的预设活动相辅
相成，有效促进幼儿主题经验的整合。这样的课程发展历程，实际上就是幼
儿对这一课程展开学习的脉络。

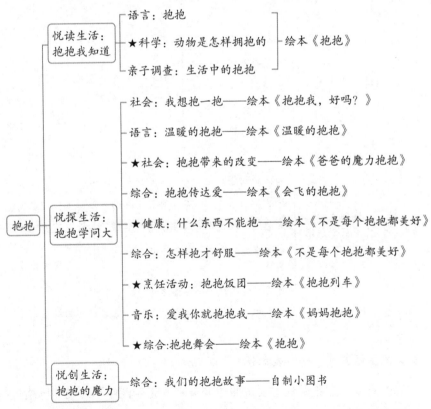

图3-1-1 "悦绘课程"之"抱抱"主题课程学习脉络（★表示生成性活动）

2. 中班主题课程——"呀！蘑菇"

根据幼儿的已有经验和兴趣点，师幼一起探讨、梳理探究蘑菇的内容。为了使幼儿的探究活动更具科学性与目标性，我们将幼儿零散的兴趣点串联成一条完整的探究路线，形成了"呀！蘑菇"主题课程学习脉络（如图3-1-2所示）。

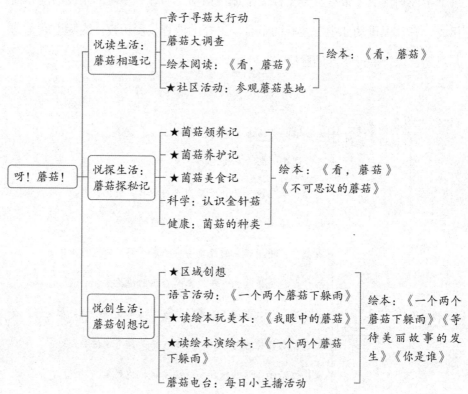

图3-1-2　"悦绘课程"之"呀！蘑菇"主题课程学习脉络（★表示生成性活动）

3. 大班主题课程——"我的家乡"

"我的家乡"主题课程主要按照"调查—探究—创作"的发展脉络进行（如图3-1-3所示）。以幼儿在探究过程中产生的问题为导向，形成"家乡初印象""探秘家乡""回味家乡"三大探究板块。顺应幼儿的兴趣和发展需要，立足本土资源和文化传统，形成独特的探究路线。

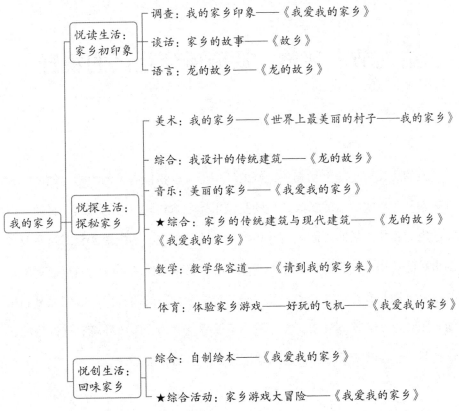

图3-1-3 "悦绘课程"之"我的家乡"主题课程学习脉络（★表示生成性活动）

第二节 环境：从园所到社区的视野

　　人的成长与环境密切相关，好的环境予人以积极向上的力量。幼儿园和社区是幼儿真实生活的场景，是幼儿以主体姿态共同生活的家园，是幼儿得以健康成长的生活圈。幼儿在与环境互动的过程中，不断地调整对自我及周围事物的认识①。园所与社区的协同共建，能够使社区环境成为有益资源，并整合于幼儿教育活动之中。在建构"悦绘课程"的历程中，我们充分利用幼儿园和社区的现有场景，也注重基于课程主题创设园所环境和社区环境，让幼儿能够在园所天地和社区天地里展开生活化探秘。

一、园所天地的生活化探秘——经营幼儿悦于成长的精美天地

　　在幼儿园中，我们致力于让每一位孩子都能够体验真实的生活。从环境育人的角度出发，我们对幼儿园的布局和园所环境进行精心设计，力求将其

---

① 高杉自子. 幼儿教育的原点［M］. 王小英，译，李季湄，审校. 上海：华东师范大学出版社，2014：105.

打造成一个贴近幼儿生活、满足幼儿成长需求的乐园。通过生活化的"环境创设"，激励幼儿在园所内外以及各个区域空间积极探索，逐步成为生活的探秘者、生活的创造者。

香雪山幼儿园以"悦生长，悦绽放"为办学理念，以"做新时代的好儿童"为育人目标，致力于让每一个幼儿在香甜生活般的课程滋养下乐探究、爱生活、会创造。环境创设以"小园所，大世界，悦生活"为理念，打造具有"精致、典雅、温馨、童趣"风格和充满艺术氛围的对话式环境，力求透过每一处都"会说话"的环境，给幼儿以美的启迪、美的感受、美的表现、美的创造。

外部环境创设。香雪山幼儿园像一座花园式庭院，处处彰显绿化和美化、儿童化和趣味化的人与自然的和谐环境。"雨打芭蕉的热带雨林""烟雾朦胧的潺潺流水""置身木屋荡桥中的书屋"，花丛中、树梢上，随处可见"小动物"们，这一切都给予幼儿美的视觉感受，让他们享受幼儿园生活的美好。

内部环境创设。走进香雪山幼儿园，无论是贴近生活的烹饪区、精心雅致的美工室、温馨有爱的图书馆，还是充满童趣的科学室、乐器丰富的音乐室、巧用立柱空间设计的金鱼缸，都给人一种宾至如归的感觉。幼儿穿梭于其中，仿若进入五彩缤纷的互动天地，促进了五大领域的进阶发展，在环境的浸润和孕育中，个体经验不断丰富。各班结合主题活动的不同呈现方式，将美的熏陶和教育的功能巧妙地融合到环境之中。幼儿徜徉其间，流连忘返于艺术化的萌美生活之中，感受着幼学时光的萌美力量（幼儿园环境见图3-2-1至3-2-6）。

图3-2-1　图书馆

图3-2-2　交通城

图3-2-3　刺绣坊

图3-2-4　烹饪区

图3-2-5　美工区

图3-2-6　展示区

二、社区世界的生活化探秘——创生幼儿悦于生活的欢跃空间

香雪山幼儿园地处黄埔区行政中心区，周边图书馆、体育馆、公园、超市、学校林立，还临近地铁、有轨电车站点，自然资源、人文资源丰富，拥有自然生态美景和新兴城市的繁华。

我们注重教育资源的有效整合与利用，将其融入幼儿的学习与发展之中。譬如，为了让孩子们深度体验广府文化，我们组织幼儿与家长举行"走进玉岩书院，传承广府文化"亲子参观暨徒步活动，切身感受玉岩书院的历史文化。在幼儿充分感受与欣赏之后，教师在班级区域活动中创设"玉岩书院（美工区）"，让幼儿置身于古代书院的氛围中，在区域活动中充分发挥自己的想象，大胆地进行艺术创作。

我们注重以园所和社区环境为依托来建构"悦绘课程"。以中班"呀！蘑菇"主题课程为例：幼儿在散步时发现了小蘑菇，他们对小蘑菇感到非常好奇，开启了对蘑菇的探索之旅。随着探究的深入，班级开展了参观"蘑菇基地"的亲子活动。紧接着在班级开辟了"蘑菇种植区"，幼儿每日对菌菇包的生长状态进行细致观察，通过各种表征记录蘑菇的生长过程，在收成后，将蘑菇做成多种多样的美食。欢跃的空间资源助力绘本生活化课程主题的创生，促进了幼儿的学习与发展，为"悦绘课程"的建构提供了资源保障。

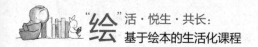
第三节　家社：从家长到社工的协同

家庭与社会是学校发展的宝贵资源，家长的悉心关爱与社工的专业支持，是推动学校持续进步的重要力量。学校、家庭、社会三方协同育人格局的形成，是新时代教育改革发展的重要前提，是落实立德树人根本任务的迫切需求，是幼儿全面发展、健康成长的重要保障。"悦绘课程"的建构离不开家长与社工的协同支持。

一、家长助力幼儿悦绘生活

家庭是幼儿园最重要的合作伙伴。对于"悦绘课程"的建构，在具体的主题课程创生上，家长何以成为资源？主要体现在家长三大作用的发挥上：一是资源协助，丰富活动形式；二是倾听分享，联动课程延展；三是携手共创，促成经验深化。

以"我和车车的秘密"主题课程为例：

这是一次对汽车王国的探索之旅。它以"车"为课程主题，引领幼儿走进汽车王国，让幼儿认识各种各样的车，了解汽车的形态和用途，学习制作小汽车。这一主题课程整合家长资源，充分发挥家长助力"悦绘课程"创生的三大作用。

其一，资源协作。家长协助幼儿收集有关车的图片和绘本；亲子一同参加"车展"，感受车展活动的丰富和有趣，家长协助幼儿完成"汽车调查表"；亲子一同观察社区的车，认识社区内的交通标志，了解停车场的大概位置。

其二，倾听分享。家长在闲暇时间展示家里的小汽车，亲子相互介绍"家里的车"和"我知道的车"；幼儿向家长分享幼儿园开展的"我和车车的秘密"主题课程的各种活动与自己的体验和收获。

其三，携手共创。亲子制作有关车的绘本、立体模型；家长协助幼儿拍摄"汽车秀"活动视频。

二、"社工"助力幼儿悦绘生活

校家社协同育人是当今教育的共识，主要有以下做法：学校与社会密切联动，构建协同育人机制，充分利用社会的自然与文化资源，携手打造适合学生健康成长的环境；学校面向社会，积极宣传办学理念与办学行为，争取社会对学校办优质学校的支持，以助力学校有效整合社会教育资源，拓宽学生健康发展的空间，从而为立德树人创造良好的条件；学校与其他学校积极联动，建立校际合作机制，在教育科研、学段衔接与入学适应等方面，推进良好的合作，实现有效的协同育人效应。

从"悦绘课程"的建构历程来看，社会资源的整合与利用联动着社会服务课程的有关人员（我们称之为"社工"），而这些"社工"融入课程建设也随之联动着社会资源的整合与利用。因此，我们从具体的主题课程创生出发，在呈现这些课程对社会资源的整合与利用的同时，对社工的融入进行分析，以求发挥人力资源在课程建设中的重要作用（见表3-3-1）。

表3-3-1　"悦绘课程"外延性资源（社工）利用列举

年龄段	主题	外延性资源何以助力幼儿生活	
		社区资源整合	社工融入课程
小班	抱抱	（1）鼓励幼儿在社区里与其他幼儿多多接触和玩耍：当遇到别人拥抱自己，而自己不想时，学习如何拒绝；当想要关心别人时，在别人允许的情况下，知道如何用合适的力度、姿势等拥抱别人。（2）图书馆：与附近的图书馆合作，由图书馆为幼儿提供阅读材料和图书借阅服务；定期带领幼儿去图书馆参观、借书，培养他们的阅读兴趣和能力	图书馆工作人员对幼儿园大力支持，尤其是在具体的主题课程创生中，给予更具体的图书资源及阅读支持
中班	我身边的公园	到附近的公园开展户外课堂，如踏春写生、仲夏寻宝、秋季徒步、冬赏梅花等，拓宽幼儿的视野和经验储备	与公园社工取得联系，为活动的策划和有效开展提供适宜的支持
大班	我和车车的秘密	在所住小区停车场考察各种汽车，在社区周边道路上观察各种汽车，在社区附近售车店考察汽车销售与维修，等等	与汽车销售中心、汽车修理中心工作人员取得联系，为主题的开展提供必要的讲解和考察资源

第四章
课程力量：顺学而强，悦绘生活

　　生活蕴含着教育的价值，教育融通着生活的意义。随着"悦绘课程"的创生，幼儿浸润于"长大"的绘本天地里，沉浸于"长大"的生活时空里，这意味着相应的主题课程显现出其强大的育人力量：绘本生活化课程一旦从幼儿发展出发，又顺应学习，幼儿便能够激发出强烈的学习兴致，专注于愉悦地绘织美好的生活。这样的课程育人景象与课程力量，是师幼共同创生课程的结果。我们秉持"顺学而强，悦绘生活"的理念，对绘本生活化各项主题课程，依循"悦读绘本与初绘生活""悦探绘本与深绘生活""悦创绘本与延绘生活"三大模块进行创生，从而显现出幼儿初绘生活、深绘生活、延绘生活的课程历练，展现出幼儿悦读绘本、悦探绘本、悦创绘本的发展态势。

第一节　初绘生活：幼儿悦读绘本的积极态势

幼儿的学习与发展需要精神食粮，儿童文学就是一种可以激活幼儿内在动力的精神食粮。作为儿童文学作品之一的图画书即绘本，容易让幼儿喜欢，幼儿总是在阅读中被不断激活内在动力，乐于去探索绘本世界及其相联结的生活世界，以及创造属于他们的意义世界。"儿童阅读不是一个简单吸收的过程，而是一个与书本对话的过程、思考的过程、建构的过程，也是儿童赋予画面以意义的过程。从这个意义上说，阅读往往会调动儿童过往的经验，让他们去解释和理解新的情景、现象、事物、行为和关系。教师的作用不是让儿童听懂图画书，而是让儿童学习品味图画书，让儿童拥有更多的时间精心阅读与其发展相适宜的图书。"①"悦绘课程"是有目的、有计划、有评价的园本课程，它基于绘本，引领幼儿阅读，并以绘本与生活相融通的多样活动，引导幼儿在主动探索与体验中获得新的有益经验。

---

① 虞永平. 完整童年不可缺失文学［N］. 中国教育报，2020-1-19.

这样的课程创生历程，需要教师从幼儿发展出发，进行绘本生活化活动的预设与生成，促使幼儿随着学习与发展空间的拓展而生发新经验。"教师可教的内容有很多，儿童可做的事很多，但不一定都能产生发展；只有那些适宜于儿童身心状态和现实需求的机会，才是真正发展的空间和可能性，才是宝贵的。"①我们创生"悦绘课程"的系列主题课程，都是精心为之，都是师幼共同创生的生活。第一阶段"悦读绘本与初绘生活"，就需要立足于绘本生活化活动来把握幼儿初绘生活的品质，也需要通过对活动的反思来循证幼儿初绘生活的品质。

一、在活动中初绘生活

在成长历程中，每个幼儿都表现出差异性。幼儿总是以探索的方式展开生活样态，总是试图探索周围的世界，并通过个性化与协同化的方式展开探索，进而以不同的方式建构经验，实现自我，助力他人。幼儿在运用各种学习方式方面虽然不如成人那样纯熟，但他们对自己、对自然、对社会的认识，在表现形式与内容上却是多种多样的，是独特而又幼儿化的。正如"儿童的一百种语言"所具有的意蕴，指向的是幼儿有权利、有能力创造属于他们的世界，能够在与各种材料的互动中发现世界，能够用各种方式与样式表征世界，从而表达出自己独特的思想、情感及见解，建构出新的经验。

想要实现这样的幼儿成长景象，从课程育人来说，需要对课程进行整

---

① 虞永平. 拓展幼儿园课程的空间和可能［J］. 教育导刊（下半月），2021（5）.

体建构。园本课程是师幼共同创生的，从这一特点出发，我们遵循课程组织的相互作用原理来建构"悦绘课程"。"课程组织的相互作用原理表明：只有经过教育者、学习者与教育情境的相互作用，才能实现理想的教育效果，课程组织才是真正的教育。"[①]因此，"悦绘课程"的整体建构意味着教师应注重课程创生诸要素的相互作用，尊重幼儿的主体性，做到有目的、有计划、有评价地引领幼儿进入课程视界，让他们通过多种感官，以个性化与协作化的方式阅读绘本，展开绘本生活化活动，解决他们自己发现的问题，创造属于他们的生活，建构有益于自身发展的多样经验。这样的课程创生历程，是幼儿在生活中学习与发展，在学习与发展中生活的历程。

"悦绘课程"最显著的特点是以绘本为基点，融通生活，孵化经验，实现进阶式的成长。绘本来源于生活，高于生活。《西兰花先生的理发店》《小鳄鱼看牙医》《第一次做面包》……绘本精美的画面、有趣的故事情节、天马行空的想象，极易引起幼儿的共鸣。基于对书香校园建设的考虑，我园不仅有公共的绘本馆和图书室，每个班级还有图书角，每个楼层都有图书廊，幼儿随时随处都可以翻阅绘本。怎样捕捉幼儿对绘本的兴趣？怎样从绘本的讨论延展到生活？是否每一本绘本都适合生成活动，以主题的方式去展开探索？主题探索该怎么进行？是否有足够的资源支持幼儿展开探索？该怎样把握教师预设活动和幼儿生成活动的比例……教师需要对这一连串的问题做出全盘的思考。就第一阶段"悦读绘本与初绘生活"而言，我们注重在这一阶段各主题课程的多样活动中，培养幼儿初步绘织美好生活的品质。

"悦读绘本，初绘生活"是主题的初始阶段，主要通过"绘本联结生

---

① 石筠弢. 学前教育课程论［M］. 2版. 北京：北京师范大学出版社，2014：125.

活"或"生活联结绘本"的方式来展开，激发幼儿对同一个话题产生兴趣，进而产生探究的欲望，亟待探索和发现生活中的奥妙。"绘本联结生活"，指的是幼儿受绘本吸引，由绘本联想到现实生活，进而产生一系列话题，由此生成探索性主题活动。"生活联结绘本"，指的是幼儿因对个人、家庭、社会中的事件（这些事件也许是日常生活中发生的有趣的事，也许是新闻媒体上报道的感人的事情，又或许是其他让幼儿有触动的事物、现象）产生兴趣或疑问，由此引发幼儿的关注和讨论，亟待通过绘本去寻求解答，由此而生成主题活动。

这一阶段侧重寻求绘本与生活的联结点，通过预设活动与生成活动相结合的方式推动主题的开展。一方面，师幼以多种形式解读绘本，对绘本中的元素进行进一步的分析；另一方面，对生活事件进行进一步解读，搜集相应的绘本资源，通过团体讨论、亲子调查等形式对问题进行梳理，明确探索的方向与途径。

（一）初绘生活案例1：神奇的种子

1.确定发展目标

中班以"神奇的种子"为主题的"悦绘课程"，幼儿的学习目标从阅读经验发展与生活经验发展两方面来确定。

阅读经验发展目标——能独自或与他人共读绘本故事，养成良好的阅读习惯；通过阅读主题关键绘本《神奇的小种子》，了解种子的作用，并能根据画面说出发生了什么，同时，在初步理解故事的过程中了解种子的传播方式；在种植过程中，能结合拓展绘本的阅读经验对种子的成长阶段进行观察比较，发现其不同，并大胆分享猜想结果；在亲历种植过程后，能用简单的图画或其他符号记录种子的生长过程，并根据图画画面表述自己的想法与理解。

生活经验发展目标——感知种子的成长过程，知道种子各个生长阶段的顺序、形态和名称；知道种子必备的生长条件；愿意与同伴合作进行种子的培植和观察，对种子萌生喜爱之情，逐渐养成不挑食的好习惯；通过"打卡"、宣讲的方式讲述如何珍惜粮食；结合各种美工材料，制作与种子相关的手工；通过歌唱种子、演绎种子发芽手指谣等艺术类活动，体会艺术、生活、自然三者之间的关系，感恩艺术、自然、生活带来的美的享受；在探索、见证种子成长的过程中，感受生命的力量与脆弱，萌生关爱自然、珍爱生命的情感。

2. 明确活动路径

在第一阶段"悦读绘本与初绘生活"中，"神奇的种子"这一主题课程基于绘本预设了语言活动"神奇的小种子"、科学活动"种子的秘密"，同时生成了综合活动"种子大变身"。

其一，在语言活动"神奇的小种子"中初绘生活。

在这一预设活动中，教师拟通过和幼儿共读绘本，让幼儿了解种子的基本特征及传播方式，引导幼儿用语言较清晰地表达自己对绘本情节的猜想，大方地分享自己的调查结果，使幼儿对种子产生持续探究的兴趣。在活动开始前，教师做好了相应的准备，包括绘本《神奇的小种子》PPT、苍耳、"种子的传播方式"亲子调查表等。

教师与幼儿按以下方式进行活动，展开初绘生活的态势。

活动展开一：联系生活，提问引学绘本。

教师将苍耳粘在自己的白色衣服上，引起幼儿的关注："今天，老师的身上藏着一个小小的果实，谁能够找出来呢？"（幼儿找出藏在老师身上的果实，并猜想这是什么果实。）

讨论：为什么苍耳会粘在老师的身上？

观看PPT，引学绘本。

师："今天，有一只小猫咪也跟老师一样，身上粘上了一颗小种子，种子被它带离了种子妈妈的身边，发生了很多惊险的事情，我们一起来看看吧。"

由问题引入，阅读绘本，教师完整讲述故事。

师："绘本的作者叫什么名字？小猫咪做了什么事情？小种子离开花园后发生了什么事？小种子找到自己的家人了吗？最后小种子回到花园里了吗？听完绘本故事，你们心里有什么感受呀？"

好好："小种子很勇敢，它很神奇，从圆圆的种子最后变出了美丽的花朵，还得到了很多帮助。"

泽泽："我觉得小种子很神奇，因为它一会儿被风吹，一会儿被水淹，可它还是没有放弃，想要回去找它的家人。"

游游："而且它最后找到了自己的家，还有了很多很多的家人。"

馨馨："它发芽长大，从小种子变成小叶子，还开出了花，很神奇。"

教师小结：种子神奇吗？它运用自己的特有本领，让小猫带着它去旅行了一次，然后又请求风、水、青蛙带着它回到了自己家人身边，真厉害！通过阅读这本绘本，我们知道了种子是可以依靠动物来传播的，还可以依靠风、水等来传播。

活动展开二：分享调查表，寻找小种子。

师："看完绘本，我们发现种子有很多种传播方式，小朋友们也调查了很多关于种子传播的知识，现在让我们一起来听听你们的调查结果，看看其他种子和这颗神奇的小种子有什么不一样吧。"

幼儿分享与爸爸妈妈在家一起完成的"种子的传播方式"亲子调查表。

师："根据大家的分享，我们知道了，原来种子的传播方式有很多种，有风传播、水传播、自身传播、动物传播等等。我们的幼儿园里也有许许多多小种子，它们是怎么来到幼儿园的呢？让我们一起出发去看看吧。"

师："请大家仔细找找幼儿园里的小种子，再思考一下它们是怎么被带到我们幼儿园的。"

清清："我找到了这颗圆乎乎的种子，应该是被风吹过来的，因为圆滚滚的，容易被吹动，哈哈。"

铭铭："这颗种子有些刺，可能是小猫把它带过来的，应该是动物传播吧。"

睿睿："那我这个是不是水传播？你看它湿答答的。"

舟舟："可能我们说得都不对，要不带回班上，再一个一个来研究。"

泽泽："我同意！"

其二，在综合活动"种子大变身"中初绘生活。

在阅读完宫西达也的系列绘本《神奇种子店》后，幼儿被里面神奇的种子吸引。"好神奇的种子呀！我喜欢画画，我要种出红色种子来做太阳，要种绿色种子来做大树，还要种彩色种子来做彩虹。""我也想要这样。"于是，对于种子可以制作什么样的美妙作品，幼儿展开了讨论。

《3—6岁儿童学习与发展指南》指出："幼儿艺术领域的学习关键在于

充分创造条件与机会。""在大自然与社会生活中萌发幼儿对美的感受和体验，丰富其想象力和创造力，引导幼儿学会用心灵去感受和发现美，用自己的方式去表现和创造美。"因此，教师抓住幼儿渴望对种子进行再创造的机会，以引导者、合作者的身份陪伴幼儿对种子进行了一次精彩的大变身。教师意图通过本次活动让幼儿初步了解科技产品与人们日常生活的密切关系，遇到困难时能想到运用网络查询的方式解决问题；将自己观察后的所思所见用绘画、捏泥等形式表现出来；了解种子的生长过程，萌生热爱大自然的想法。为此，教师准备了各种各样的种子、各色黏土、画笔，提供网络查询支持等。

在这一生成性活动中，教师和幼儿这样展开活动：

活动展开一：怎样给种子变身。

师："小朋友，你们都想给种子来一场大变身，那么请问，你们经过调查，都想好怎么让种子变身了吗？"（幼儿分享调查结果。）

彬彬："好漂亮，我也想用种子画一幅画。"

晞晞："我也喜欢，我想在衣服上画向日葵，葵花上到处都是它的种子。"

济济："我们需要一些瓜子，还有一些黏土。"

晞晞："我们一起去找吧，我记得烹饪区有一些瓜子，刚好可以用。"

活动展开二：种子大变身。

葵花籽成长记——幼儿用棕色的黏土做土地与花朵，用马克笔画出花茎，再将瓜子粘贴在花心处，一幅葵花籽成长图就完成了。

花生大变样——卓卓带来了许多花生，被小伙伴们发现了。于是，他们给花生也来了一次大变身。

崇崇："花生的果实在地下，我要先用黏土做一大片土地，一大片一大片，才能种出许多花生。"

涵涵："它的叶子短短的，不像大树的叶子那么大，土地上还要画很多小树叶。"

骅骅："如果用黏土来种花生，用不用浇水？花生会不会长大？"

尔尔："当然不行啦，哈哈哈。"

林林："我们多做一点儿花生，这样可以假装它还没有被摘完。"

阳阳："好啊，我们一起来给花生大变身。"

绘本与其他儿童文学作品一样，取材于幼儿的生活，与幼儿的生活密切相关。《3—6岁儿童学习与发展指南》指出，要"为幼儿提供丰富、适宜的低幼读物，经常和幼儿一起看图书、讲故事""应通过多种活动扩展幼儿的生活经验"。在主题的第一阶段，幼儿从绘本《神奇的小种子》中感受到种子的神奇力量，从而展开对种子传播方式的调查，以及对种子"变身"的奇妙想象。幼儿的阅读经验和生活经验得到升华，对生活的理解和认识逐渐加深，也为后续的深入探索奠定了基础。

（二）初绘生活案例2：印象岭南

1.确定发展目标

大班以"印象岭南"为主题的"悦绘课程"，幼儿的学习目标分为阅读经验发展目标和生活经验发展目标。

阅读经验发展目标：喜欢阅读并能专注地阅读，体会语言文字的美；通过阅读了解广州的饮食文化、风俗习惯、建筑风格等，能结合自己的生活经验，与同伴交流绘本中的内容，愿意分享并倾听他人的观点。

生活经验发展目标：知道广州萝岗盛产荔枝、橙子等水果，了解本地的物产文化；了解广州清明节包青团的习俗，初步掌握青团的制作步骤和方法，尝试动手制作青团；借助绘本初步感知岭南舞狮的文化背景，尝试用多种形式表达自己对醒狮文化的理解；结合生活经验，尝试用低结构材料搭建波罗诞庙会并策划布置展出；合作创编粤剧故事，饰演东山少爷、西关小姐等角色，并用粤语念台词，感受广府文化的魅力。

2. 明确活动路径

在第一阶段"悦读绘本与初绘生活"中，这一主题课程基于绘本预设了语言活动"广府印象"，同时生成了语言活动"广州过春节"。

以生成性的语言活动"广州过春节"为例。这个活动源于幼儿园开学典礼时邀请舞狮队来演出。在开学典礼上，幼儿伸手抚摸着狮子头。为为开心地说道："我们村过年的时候也会有人到家门前舞狮，我爸爸还在门口挂了青菜和红包，狮子还会跳得很高，把红包咬走。"幼儿三三两两地议论着。在广州过年还有哪些传统习俗呢？基于这个问题，教师和幼儿决定一同阅读绘本，寻找答案。在众多绘本中，绘本《嗨，广州》从儿童的视角出发，探索城市的历史文化、风土人情，引起了幼儿强烈的共鸣。于是，师幼开展了"语言活动：广州过春节"，以期更深入地了解广府风情。

活动展开一：派发红包，引入"春节"话题，分享春节见闻。

师："小朋友，你们过年有收到红包吗？新学期开学，老师也给每个小朋友准备了红包，祝你们在新的一年里身体健康，收获更多的知识和快乐。"

师："小朋友，大家春节过得怎么样啊？有没有一些特别有趣的事情发生呀？"

幼儿身穿新衣裳，手拿红包，分享过年的小视频和照片，讲述春节经历。

六六："我和家里人一起包饺子，我不小心弄得满地都是面粉。"

为为："我跟小伙伴们一起放烟花，可好玩了！"

为为："奶奶给我们煮大橘水洗澡，洗完澡就可以穿新衣服过年了。大橘水里面放了一种很香的草，洗完后身上也香香的。"

馨馨："妈妈带我们去逛花街，我们买了好多花，还买了好多小玩具。我还吃了姜撞奶，那个老板说：'姜撞奶是本地的特色，只有这里才能吃到'。虽然有点儿辣，但是很好吃！"

师幼小结：原来广州过年有这么多的习俗，亲戚朋友家拜年、逛花市、洗大橘水……

活动展开二：师幼共读绘本《嗨，广州》，深入了解广州的风俗习惯，在阅读绘本的同时，鼓励幼儿结合春节的见闻，分享自己印象中的广州年味。

师："今天，我们邀请'羊羊'（绘本故事主人公）带着我们再次游览广州，让我们一起看看，广州春节还有哪些与众不同的活动吧！"

师："舞龙舞狮是广州春节必备的节目，大人小孩都会围观。这是本地的一大特色，传说中龙能行云布雨，消灾降福，人们以舞龙来祈求来年平安和丰收，以舞狮来祈求来年好运。"

师："在广州，冬天的时候人们还喜欢泡温泉。你们有去泡过温泉吗？泡温泉会有哪些趣事呢？"

师："过年的时候，广州的菜市场特别热闹，人们会买各式各样的食材来做年夜饭，每一道菜式都有不同的寓意。比如鸡代表'吉祥如意'，鱼代表'年年有余'，生菜代表'生财'等。小朋友，你们家的年夜饭有什么菜式呢？你知道它代表的寓意吗？"

师："广州过年，花城看花，过年逛花街也是广府特色。每一种花都代表着不同的'意头'。你们逛了花街吗？了解多少花的'意头'呢？"

师幼小结：哇！羊羊带我们游览了广州的美景，吃遍了广州的美食，还逛了花街、观赏了舞龙舞狮。原来我们广州有这么多好玩有趣的风俗习惯。

大千世界，无奇不有。幼儿对生活充满了好奇心和求知欲，尤其是对身边与自己息息相关的人和事。广州，又称羊城、花城，是中国历史文化名城，是广府文化的发祥地，同时也是中国海上丝绸之路的起点。粤菜、粤剧、早茶、龙舟、醒狮、岭南园林、迎春花市、波罗诞庙会、镬耳屋、广绣、广彩……都是广府文化的代表。对于生在广州、长在广州的幼儿来说，他们的衣食住行无不浸染在浓郁的广府文化中。作为教育工作者，我们要具有课程意识，发挥文化育人的功能，将广府文化转化成幼儿园的课程和教育资源，在促进幼儿发展的同时，使传统文化得到传承和发展。幼儿由生活事件引发思考，开启了"印象岭南"的主题探索之旅。在主题的第一阶段，幼儿回顾生活事件，通过绘本《嗨，广州》找到了答案，深度阅读又使他们展开了进一步的思考和探索。

二、反思生活何以初绘

我们摈弃只以幼儿为中心的课程创生，而是强调协同创生，构建幼儿与教师以及家长、其他相关人员共同展开活动的课程创生历程。

这种协同创生，显现的是和谐愉悦的精神环境，师幼置身于其中，享受生活得以不断绘织的乐趣。"构建和谐、支持性的师幼关系，是创设和谐精神环境的核心。教师应充分尊重幼儿在活动中的主体性，把幼儿当作积极的、主动发展着的个体，允许幼儿在活动中自由选择并使用活动材料，关注幼儿的兴趣、需要，才能有效地与幼儿对话、沟通，理解并支持幼儿。"[1]反思第一阶段的生活化活动，我们可见师幼在活动中展现出积极向上的阅读姿态，更可从中循证幼儿初绘相应课程主题生活的品质。

这种协同创生，也会显现出促进发展的物质环境，师幼在丰富多样的材料场域中，能够多向联动地使用物品材料，体验创作作品的快乐。"为幼儿提供丰富、有趣的操作性材料和安全、愉悦的活动环境，能够满足幼儿探究的欲望，促进幼儿的主动学习，让幼儿获得愉悦的情感体验。"[2]

（一）预设性活动的反思

"儿童在生活中学习，在学习中生活。游戏是幼儿园的基本活动，儿童在多样化的活动中，主动探究、体验、交往和表达，不断获得新经验。幼儿园的活动重点不是教师准备讲解什么，而是准备让儿童做什么，获得什么样的经验，应该为儿童的行动创设怎样的环境和条件。"[3]充分尊重幼儿的个性与爱好，适时适宜地经营好精神环境和物质环境，以基于绘本的生活化活动，让幼儿学得兴致高涨，做得乐趣横生，促使他们在自由、自主中体验与

---

[1] 邵小佩. 幼儿园课程与教学［M］. 2版. 北京：北京师范大学出版社，2020：216.
[2] 邵小佩. 幼儿园课程与教学［M］. 2版. 北京：北京师范大学出版社，2020：215.
[3] 虞永平. 幼儿园课程改革路向何方［N］. 中国教育报，2014-9-21.

创造生活，是我们开展"悦绘课程"系列活动，把握幼儿初绘相应的课程主题，提高生活品质的基本导向和主要做法。

上文所列举的主题课程"神奇的种子"，在第一阶段"悦读绘本与初绘生活"开展的语言活动"神奇的小种子"是预设性活动。针对这一活动，我们可以进行如下反思，以此来循证幼儿在活动中初绘生活的积极态势。

在这一活动的展开过程中，幼儿是通过对绘本的反复阅读，以及拓展性的生活化活动，来初步绘织有关"神奇的小种子"的生活的。在解读绘本时，教师巧妙地运用问题引导幼儿理解绘本，再由教师完整地读一次绘本，更进一步地加深幼儿对绘本和种子的印象，使幼儿能够简单地根据画面复述绘本内容。

在活动开展前，教师利用家长资源，让幼儿将调查表带回家，与家长共同探讨、调查种子的传播方式，幼儿与家长在家调查种子的传播方式后，初步了解了种子传播的相关知识，对种子的传播有了一定的概念，对种子的传播充满兴趣。这也使得幼儿对绘本有关种子传播的情节留下更为深刻的印象。结合绘本中小种子的经历，幼儿更直观地了解了种子的传播方式以及相关的知识。这正是绘本与生活联结的课程之妙。

在接下来的日常生活中，幼儿因为了解了小种子的各种传播方式及相关知识，热衷于在户外寻找各种各样的小种子，并根据自己对绘本内容的了解，依据经验，判断自己所寻找到的种子是依靠何种方式进行传播的。可见，幼儿对种子的探究保持着持续的热情，这也就意味着深入开展下一步探究成为可能。

（二）生成性活动的反思

"儿童是在与外部世界的相互作用中进行学习、获得经验的。因此，不断变化的活动对象和环境，是儿童不断感知外部世界并扩展和更新经验的主要方式。但感知世界和获得经验不是学习的全部，儿童将已有的经验组织起来，并以各种方式表达出来也是重要的学习，这有助于儿童经验的系统化和重组，有助于经验的整合和拓展。"①我们对基于绘本的生活化课程的创生正是如此。我们注重拓展幼儿学习与发展的空间，让他们在个体活动中以个性化方式探索世界，也让他们在共同活动中相互协作，共同探索世界，解决有关问题，建构有益的经验。

上文所列举的主题课程"印象岭南"，在第一阶段"悦读绘本与初绘生活"开展的语言活动"广州过春节"是生成性活动。针对这一活动，我们可以进行如下反思，以此来循证幼儿在活动中初绘生活的积极态势。

广州是幼儿居住的城市，幼儿对广州有着深厚的情感，对广府文化习俗都有相应的经验。这一活动以"派发红包"切入，联接幼儿过年的经历，容易引发幼儿激活已有的生活经验。

在翻阅绘本《嗨，广州》的过程中，针对生动且富有童趣的插画，幼儿能够回顾自身的经历，联结已有的生活经验，表达在广州过年的感受，由此，他们也就能够进一步深入了解广州的独特风俗习惯。在整个活动过程中，幼儿充满热情，纷纷根据自己的生活经历和亲身体验，积极地向他人介绍广州，表达他们对这座城市的认识和理解。

这样的活动，幼儿经历的是一种具身学习，也因此对广州过春节有了很深刻的印象，为主题课程"印象岭南"的整体学习打下了基础。

教学后的反思通常来说是教师在活动结束后对教学目标、教学内容和教

---

① 虞永平. 幼儿园课程改革路向何方［N］. 中国教育报，2014-9-21.

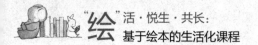
学过程进行复盘和思考，包括对自身的教学观念、教学行为的反思以及对幼儿的表现、课堂效果的反思。在"悦绘课程"的第一阶段，无论是预设性活动还是生成性活动，都要更侧重于反思幼儿习得了哪些经验，这些经验与其后继的学习有何关联及影响。

第二节　深绘生活：幼儿悦探绘本的能动态势

幼儿对阅读有着自然而然的兴趣，尤其是一旦有适宜的书籍，有阅读的机会，他们都会很快投入阅读之中。幼儿园课程在培养幼儿阅读习惯、阅读兴趣、阅读能力方面，往往做得很多，若能够将阅读与各种活动相结合，尤其是与契合幼儿生活的各种活动相结合，则更容易让阅读成为幼儿的精神食粮，化入幼儿的心灵，并促使他们充分想象与自由表达，感受书本内外的美好。

"儿童对大自然、大社会的感受和探究是儿童发展与成长更为重要的途径，要努力让儿童与周围的客观事物发生相互作用，让儿童在亲身体验、实际操作和现实交往中获得更多的经验，这些经验是儿童不断深入阅读的动因和基础。儿童在与周围世界相互作用的过程中，获得的经验和感受，也会通过自己的方式表达出来，这些表达也充满了美感，充满了想象，充满了生动的细节，它们又是儿童图画书的真正源泉。因此，要让儿童对周围世界的感知、理解与他们的阅读结合起来，相得益彰。"①"悦绘课程"追求的也是如此，不只满足于第一阶段的绘本阅读及其生活化活动，也在第二阶段基于绘本阅读，展开相应的生活化活动，让幼儿围绕课程主题，深入地与多样世界"打交道"，进一步绘织相关课程主题的生活，增进经验，深化发展的体验。

一、在活动中深绘生活

正如瑞吉欧幼儿教育所倡导的，幼儿教育不仅要充分尊重孩子的个性、爱好，促使其自主、自由地认识、探索和发展，而且也要鲜明地体现教师、家长的引导和支持价值，同时，不仅要关注孩子的成长，而且要力图使教育过程也成为教师、家长自身的学习和发展过程。这就需要遵循整体教育原理，进行幼儿适宜性发展课程的建构。

"学前教育课程要促进学前儿童体、智、德、美等身心全面地整体地发展，即要塑造'完整儿童'，就必须实现课程影响各要素作用的有机统一，遵循整体教育原理。"②我们建构"悦绘课程"，从第一阶段开始，就以多领域活动引领幼儿展开绘本生活化学习，而到了第二阶段"悦探绘本与深绘生活"，则进一步丰富了领域活动与综合活动，并经由活动的有效展开来把握幼儿深入绘织相关课程主题的生活。

"悦读绘本，深绘生活"是主题的发展阶段。这一阶段，师幼聚焦问

---

① 虞永平. 阅读是滋养儿童心灵的重要源泉［N］.中国教育报，2017-4-23.
② 石筠弢. 学前教育课程论［M］.2版.北京：北京师范大学出版社，2014：131.

题，进行深入探索，由绘本延展到生活场域，通过参观、访问、调查、实验、讨论等方式对感兴趣的事物、现象或问题展开探究，形成一系列"问题链"，在与自然、社会的互动中建构新的知识，丰富经验。

（一）深绘生活案例1：神奇的种子

在第二阶段"悦探绘本与深绘生活"中，这一主题课程基于绘本开展了语言活动"安的种子"、科学活动"种下一颗小种子"、健康活动"假如我像种子一样长大"、美术活动"豆荚子喷射"、音乐活动"跳舞的小米粒"、综合活动"收割豆芽菜"等预设性活动。同时，根据幼儿的兴趣生成了社会活动"水稻成长记"。

以下以综合活动"收割豆芽菜"为例：

基于探索各种各样的种子的需要，幼儿在班上建立了一个"种子博物馆"，将收集到的种子放在种子博物馆里，在闲暇的时间里可以到"种子博物馆"观察大家带回来的种子。有一天，晞晞惊奇地发现"种子博物馆"里的一颗绿豆发芽了，孩子们听了都很惊讶，为什么绿豆会发芽？晞晞说："可能是有阳光照在它身上，它就长大了，我妈妈说我要长大就要多晒太阳，小种子也是。"荣荣很着急，说："可是都两天没有浇水了，它怎么长大的呢？植物生长除了需要阳光，还需要水分的呀！"其他小朋友也摇摇头，表示不理解。

幼儿的科学学习是在探究具体事物和解决实际问题中，尝试发现事物间的异同和联系的过程。幼儿发现种子在没有水的情况下发芽，感觉到疑惑和迷茫，因为他们没有相关的经验，这个正在发芽的种子正好给他们提供了探究的机会。于是，我们决定尝试种植豆芽，观察探索豆子发芽的过程，同时也验证在没有泥土的前提下，绿豆种子是不是真的能发芽。

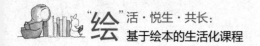
活动展开一：发芽的绿豆。

师："为什么这颗小绿豆会发芽呢？"

清清："可能是我们搞卫生的时候，不小心把这颗种子弄湿了，它就发芽了。"

涵涵："没有土地，豆子也能发芽吗？它应该要埋在土里才会发芽的。"

霖霖："不是的，有的豆子只需要用水就能成长。"

双双："豆子是怎么长大的？长大之后变成什么？"

幼儿开始对绿豆的成长产生兴趣，老师将种子的发展过程模型拿出来，给他们自由观察。研究完模型，幼儿更确信种子必须埋在泥土里才能发芽。于是，在涵涵的提议下，每个幼儿都领取几颗绿豆小种子，用自己的方式进行播种，观察记录种子是否会发芽。在教师的帮助下，幼儿了解了培育种子的几种方法，大家选择了自己喜欢的方式进行培育。有些幼儿选择用湿海绵来培育小种子，有些幼儿则选择水培豆芽。

活动展开二：收获豆芽菜。

孩子们每天回园为自己培育的绿豆喷水，仔细观察着豆芽的生长情况。经过一段时间的悉心照顾，海绵培育与水培的绿豆都得到了收成。

通过种植，孩子们发现，原来除了泥土可以让绿豆发芽，湿润的海绵以及水培的方式同样也能让绿豆发芽，对于这个发现，孩子们都很开心。

经过一段时间的培育，豆芽菜越长越茂盛。幼儿小心翼翼地收割着豆芽，感受着收获的喜悦。

活动展开三：品尝豆芽菜。

收割完豆芽菜，孩子们开始讨论豆芽菜可以用来做什么：

筱筱："我们种出来的豆芽真的能吃吗？我没试过，会不会有毒啊？"

卓卓："当然不会呀，我们可以煮一些来试试看。"

淇淇："那我们可以做什么呢？用什么来煮？"

通过讨论，我们决定将豆芽菜炒熟，大家一起分享，感受这份收获的喜悦。

幼儿品尝着自己培育出来的豆芽菜，脸上的幸福与满足显而易见，这是他们第一次尝到由自己种植出来的食物，对于种植开始埋下兴趣的种子。放学的时候，幼儿纷纷将多出来的豆芽带回家，邀请爸爸妈妈在家进行烹饪，品尝美味的豆芽菜。

在第一阶段，幼儿通过阅读绘本，对种子的基本特征有了初步的了解。在第二阶段，他们猜想种子培育的方式，并通过动手实验去验证自己的猜想。意大利教育家玛丽亚·蒙台梭利曾说："我听过，我就忘记了；我看过，我就记住了；我做过，我就记得了。"3至6岁的幼儿，处于具体形象思维阶段，通过直接感知、亲身体验和实际操作才能帮助幼儿理解事物。在"悦绘课程"的第二阶段，我们正是通过这样的方式促进幼儿知识的学习和建构。

（二）深绘生活案例2：印象岭南

在第二阶段"悦探绘本与深绘生活"中，"印象岭南"这一主题课程基于绘本开展了综合活动"丰富的岭南特产""岭南狮子""制作青团"、美术活动"花市"等预设性活动。同时，也生成了艺术活动"粤剧新编"、建构活动"波罗诞庙会"、综合活动"岭南的桥"。

以下以综合活动"岭南的桥"为例：

在一次"小主播"活动中，寒寒向小伙伴们分享了猎德大桥、海珠大桥、海心桥等多座广州的桥梁。他从桥的形状、外观和长度等方面，向大家分享了很多相关小知识。寒寒还带来了绘本《建造超级大桥》，并与小伙伴们在建构区展开了大桥的搭建和制作的尝试，引发孩子们当桥梁设计师的想法。

活动展开一：猜谜语，引出主题，分享桥梁印象。

师："小朋友们，老师今天带来一个谜语，你们猜猜是什么，'样子像船不是船，永远停在江河畔，火车汽车它能载，光载东西不开船。'你们猜出来了吗？"（桥）

幼儿分享与桥梁的合影，讲述对桥梁的印象。

师："小朋友们，你们见过桥吗？桥有什么作用？在广州，你印象最深的桥是哪一座，为什么？"

师幼小结：桥是我们生活中重要的交通建筑，不同的桥，不光造型不一样，它所蕴含的意义也不一样。比如海心桥，它是横跨珠江的人行景观桥，它的造型很特别，设计师将粤曲水袖、广州水上花市、岭南古琴等元素融入其中，让这座桥具有非常浓郁的岭南风情。

活动展开二：通过绘本《各种各样的桥》的画面，分析桥梁的构造特点，并对桥梁的种类进行归纳。

师："建造一座桥，需要考虑哪些关键要素呢？如果让你们来当设计师，你们会怎样设计？你的设计理念是什么？"

多多："必须有桥墩、桥面、护栏。"

天天："还要利用坚固的材料！"

活动展开三：幼儿利用自然材料，尝试搭建自己喜欢的桥梁。

澎澎："我的大桥只能在桥底通车，上面一层我要给它做很多漂亮的装饰。大桥的两侧我要弄一些遮挡物，广州的下雨天实在是太多了，有了遮挡，那些过路的小车就不会被淋到，这样也可以避免很多危险的事情发生。"

轩轩："我搭建的桥梁好像出了点儿问题，我发现它很难固定，总是会垮掉。我用胶水黏合黏土的固定效果也不太好。看来我还得再想想其他的办法，不然我的大桥就不能按时完工了。"

浩浩："我找到了一个固定桥梁的好办法，就是用扭扭棒给它上下左右全部围一圈，这样就牢固了。我还用手晃动和用大风吹的方式验证了一次，它还是不会倒塌，你们也可以试试这个方法。"

师幼小结：用树枝和橡皮泥搭建桥梁时，我们需要选择坚硬的树枝作为桥的骨架，并用橡皮泥把它们黏在一起。如果桥很长的话，我们可以在两边放上支撑柱，并用橡皮泥把它们固定好。为了让桥更结实，我们还可以在桥的上面加上横杆，像一条条扶手，让大家过桥的时候更安全。

在第一阶段，幼儿因舞狮队来园表演引发了对"广州过年有哪些传统习俗"的思考。通过翻阅绘本《嗨，广州》，他们对广府文化有了初步的认识和了解。随着探究的逐步展开，幼儿对岭南的桥梁建筑产生了兴趣。桥梁不仅是交通建筑，同时也承载着一个城市的历史文化。在第二阶段，我们追寻幼儿探究的脚步，通过动手操作帮助幼儿建构对广府桥梁的认识和理解，支持幼儿天马行空的想象和创造，在深绘生活的活动中浸润广府文化。

二、反思生活何以深绘

在系列活动展开的过程中，需要充分发挥教师的作用，给予幼儿融入活动的必要引导、支持，注重观察、记录幼儿的各种表现，以便及时理解幼儿的行为，为幼儿搭建学习的支架，支持幼儿进行深度探究和学习。"科学的观察记录能较好地发现幼儿在主题教学活动中的表现、发展水平和存在的问题，进而为下一步的主题教学活动的开展提供科学的依据。"[1]以上各种活动展开的呈现，尤其是活动实录，体现的是我们对幼儿及活动进行观察记录的重视。

（一）预设性活动的反思

"在主题教学活动开展的不同环节，教师应根据活动开展的情况适时介入，根据幼儿的表现提供适宜的支持与帮助。"[2]为幼儿提供适时的支持和帮助，这在我们创生的各主题课程预设性活动上，体现得尤为明显。

以综合活动"收割豆芽菜"的反思为例：

一颗因为潮湿而发芽的小绿豆，机缘巧合下被幼儿发现。在旺盛的好奇心的驱使下，幼儿展开了"绿豆没有泥土也能发芽吗"的探索之旅。

这一活动结合幼儿对探究"绿豆是否需要泥土才能发芽"的需求，教师引导幼儿进行种植实验，用他们亲身经历过的种植经验来验证自己的猜想。

---

① 邵小佩. 幼儿园课程与教学［M］. 2版. 北京：北京师范大学出版社，2020：216.
② 邵小佩. 幼儿园课程与教学［M］. 2版. 北京：北京师范大学出版社，2020：216.

在用海绵与水培育的过程中，幼儿看着绿豆一点点地冒出头、发芽，最后获得收成，他们充满了惊喜，也打破了原有的认知。幼儿在整个活动过程中一直保持着热烈的、积极的探索兴趣。

最后，幼儿将豆芽带回家中，与家人一同品尝了豆芽，让这一活动得到一个完美的落幕。在家长的一致好评中，多数家庭选择在家再进行一次绿豆培育。对绿豆发芽的探究从幼儿园延伸到家庭，增进了亲子间的亲密感，也让家长看到幼儿学习的方式，从而更加支持幼儿园的活动。

（二）生成性活动的反思

及时捕捉幼儿的兴趣与需要，在环境、材料、时间、空间等方面为幼儿搭建学习的支架，支持幼儿深度学习和探索，是主题课程的重要特点。

以综合活动"岭南的桥"的反思为例：

这一活动结合绘本《建筑超级大桥》以及幼儿生活中对桥的了解，来拓展幼儿对桥梁基本结构和设计特点的认识。

在分享的过程中，幼儿意识到桥不仅是交通枢纽，还承载着文化传播的功能。对幼儿来说，用自然材料进行建构有一定的难度。在设计桥梁时，幼儿更多地考虑桥梁的坚固性，能够大方地分享自己的经验和看法。通过讨论和动手操作，幼儿意识到搭建桥梁的关键技术，同时也对桥梁承载的文化功能有了更深刻的体会与理解。

"悦绘课程"的第二阶段更注重社会实践与动手操作，让幼儿通过亲身体验获得对事物的感性认识和理解，这也正是这一阶段反思的要义所在。

第三节　延绘生活：幼儿悦创绘本的可续态势

以绘本为主要载体的阅读，在幼儿园的课程建设中，有着重要的分量。这不仅体现在阅读绘本，助力幼儿达成语言领域的发展目标，还体现在幼儿基于绘本展开多种形式的活动，让幼儿与绘本深度亲近，能够用听、说、读、演、做、创等多种方式进行具身学习，以多感官与多角色、多角度与多层次的姿态，沉浸于绘本及其活动的学习之中，获得多样经验的扩展、多样能力的培养。"其实，围绕儿童文学，结合现实的、活生生的儿童生活，我们完全可以建构一个个充满文学气息、环境丰富多彩、充满童话气息、有无数兴奋点、让儿童能积极投入、让儿童的想象和表现欲望能得到充分实现，是童话也是生活的幼儿园课程！"①我们建构"悦绘课程"，从课程主题出发，沿着"阅读绘本与初绘生活""悦探绘本与深绘生活""悦创绘本与延绘生活"三大阶段，一步步引领幼儿绘织相关课程主题的生活，体现的是绘

---

① 虞永平.在儿童教育视野里透视儿童文学［J］.教育导刊（下半月），2013（7）.

本视界与现实生活的多样联结，体现的是幼儿学习与游戏活动的生活意义。尤其是有了第三阶段的课程创生，基于绘本的生活化课程更能显现出幼儿延展性绘织美好生活的力量。

一、在活动中延绘生活

"悦绘课程"第三阶段的展开，为幼儿进一步提供了自主建构生活的时空环境，有利于他们在兴致盎然中以个人自创与协作共创的方式，深化与发展阅读经验与生活经验。这一阶段是主题的高潮阶段，也是经验升华的阶段。通过前两个阶段活动的开展，幼儿零散的生活经验逐渐得到提炼，逐渐形成新的知识。幼儿对主题的探索仍在继续，教师支持幼儿以多种方式表达自己的见解，更多地以团队合作、创作的形式呈现对事物的认识和理解。同时，一系列生活化活动也促进了幼儿对绘本的深入理解，幼儿通过自制绘本、戏剧表演、社会实践等多种方式进一步表达自己的理解。

（一）延绘生活案例1：神奇的种子

在第三阶段"悦创绘本与延绘生活"中，这一主题课程基于绘本开展了综合活动"光盘行动"和"保卫植物角"。

以综合活动"光盘行动"为例：

在开展了一系列与种子相关的活动后，幼儿对种子的了解已经从简单的认知转变为收获什么样的粮食，这是让人惊喜的进展。

一次饭后，卓卓情绪低落，在追问之下，她说："妈妈说，有一个叫袁隆平的爷爷，他发明了'杂交水稻'，他让我们中国所有人都有很多粮食吃，不会再饿肚子，可是，我妈妈说袁隆平爷爷已经去世了。"老师点点头说："是啊，袁隆平爷爷让人们远离饥饿，这都是因为他日夜劳作，辛勤付出，才孕育出杂交水稻，大家可不能浪费粮食！"卓卓说："那不如我们来一次'光盘大行动'吧！"幼儿纷纷点头，开始策划如何进行这次光盘行动。

活动展开一：调查——如何节约粮食。

幼儿了解水稻与袁爷爷的故事后，都知道了粮食来之不易。那我们要如何做才能不浪费粮食呢？老师与孩子们又开展了一次大调查，得出的几个主要观点如下：

双双："我们不能浪费食物，不要挑食。"

睿睿："我们要提前告诉爸爸妈妈或老师我们能吃多少食物，盛太多饭菜，吃不完就浪费了。"

济济："没错，如果有剩下的饭菜，要保存好，放冰箱，或者拿去喂小猫小狗。"

冉冉："还可以告诉其他人节约粮食的方法，让所有人都知道浪费不是一件好事情。"

活动展开二：家校共育，光盘大行动。

园里"光盘行动"打卡：经过讨论，小朋友决定在园就餐时进行"光盘行动"，每天将食物全部吃干净的小朋友可获得小红花贴纸一张。

家里"光盘行动"打卡：小朋友在家带领家里人一起进行"光盘行动"，以拍照的形式记录下来，上传至班级群相册，可获得小红花贴纸一张。

社区"光盘行动"接棒：经过讨论，小朋友认为"光盘行动"光自己知道还远远不够，还得宣扬出去，让所有人都知道，于是我们决定绘制宣传卡片。小朋友用卡纸剪出爱心，并在爱心上画出节约粮食的种种方法。

派发宣传卡片：孩子们将绘制好的"光盘行动"宣传卡片派发给社区居民，并将自己学习到的珍惜粮食的方法告知人们。

在第二阶段，种植豆芽、收割豆芽，最后将豆芽变成一份美味佳肴，让幼儿感受到了种子的神奇力量，同时也体会到劳动的艰辛和食物的来之不易。在进一步的探索中，幼儿了解到"杂交水稻"和袁隆平爷爷的故事，意识到粮食来之不易，萌发了"光盘行动"的想法。幼儿在园开展了"光盘行动"打卡，同时也发动家里人进行"光盘行动"打卡，并且制作"光盘行动"宣传卡，让"光盘行动"在社区中持续。这就是"悦绘课程"所带来的影响力，幼儿的知情意行得到了统一，"爱粮惜粮"的种子已经扎根在幼儿心中。

（二）延绘生活案例2：印象岭南

在第三阶段"悦创绘本与延绘生活"中，"岭南印象"这一主题课程基于绘本开展了生成性综合活动"粤剧新编"和建构活动"波罗诞庙会"。

以综合活动"粤剧新编"为例：

绘本《岭南文化幼儿读本系列·佛山粤剧》用生动的图文介绍了岭南粤剧文化，引发了孩子们对粤剧的兴趣。幼儿决定一起走进粤剧，一同合作表演《东山少爷与西关小姐叹早茶》。

活动展开一：教师展示粤剧音频和视频，引导幼儿欣赏粤剧。

师："孩子们，你们了解粤剧吗？老师为你们准备了一小段粤剧（播放粤剧《帝女花》音频），你们试着听一听，看看能不能听懂唱的是什么。"

师："你听到了什么？粤剧和我们平时听到的歌曲有什么不一样？"（发音、唱法、调子不一样。）

师："刚才我们是用耳朵听的，接下来请小朋友一起看一段粤剧视频。看完说说你看到了什么？粤剧里的人物和我们平时生活中有什么不一样？"（服装、动作、妆容不一样。）

师幼小结：其实，我们刚刚看到和听到的就是粤剧，独特的唱腔唱法和服饰装扮是粤剧的特色。粤剧是中国戏曲的一种形式，有着悠久的历史和丰富的文化内涵。

活动展开二：结合绘本《佛山粤剧》，讲解粤剧基本要素。

师："老师还带来了一本绘本《佛山粤剧》，我们一起来了解一下粤剧还有哪些特点吧！"

师幼小结：粤剧唱腔唱法很独特，服饰装扮也很有特点，演员通过丰富的身体语言和面部表情，生动地展现角色的性格和情感。在表演的过程中，角色的身段动作、妆容和道具的运用以及音乐的配合都很有讲究。

活动展开三：幼儿进行角色分组，商议剧本，演绎故事内容。

师："《东山少爷西关小姐叹早茶》这出粤剧也非常有意思，我们来模仿剧中的人物进行一些有趣的角色扮演活动。你想演哪个角色呢？"

师："我们需要唱、说、做、打，才能表现出完整的角色形象。你能模仿粤剧中的表演方式吗？"

幼儿根据自己的特长选择组别，分工合作，为表演做准备。

表演组：商定角色，和小伙伴一起练习。

道具组：寻找材料，制作鸡公榄等表演道具。

宣传组：制作门票和宣传海报，邀请观众前来观演。

活动展开四：正式演出，幼儿合作表演《东山少爷与西关小姐叹早茶》。

师幼共同布置舞台场景，邀请观众前来观演。

随着探究的逐渐展开，幼儿对岭南文化的兴趣日渐提升，粤剧引起了他们的关注。通过合作表演《东山少爷与西关小姐叹早茶》，幼儿更深刻地感受到粤剧的魅力，语言表达能力、合作能力也得到了提高。幼儿对岭南文化的认识和理解在心里内化，对岭南文化的认同感也逐渐形成。

二、反思生活何以延绘

"对于幼儿园的儿童来说，要拓展他们的生活空间，丰富他们的生活体验，让他们感知周围的生活设施、生活现象、生活事件，充实他们的生活活动。引导儿童在观察、交往、尝试、体验的过程中不断思考，不断充实对周围生活世界的认识和体验，提升他们的生活能力。"[1]我们建构"悦绘课程"正是如此，在具体的主题课程创生中，基于主题选择多样的绘本，扩展幼儿阅读的边界，同时又基于绘本生发多样的活动，扩展幼儿生活的边界，让幼儿在多样的生活化活动中扩展阅读经验与生活经验。

"悦绘课程"的第三阶段，是幼儿新知识、新经验的形成阶段。这一阶段以生成性活动为主，对这一阶段活动的反思，重点聚焦幼儿经验是否得到升华与提升。

以综合活动"光盘行动"的反思为例：

凡事只有让孩子们参与其中，才能令孩子们有深刻的感受。通过这一活动的开展，我们可以明显看到幼儿在园进餐的时候，掉落在桌面上的米粒几不可见。在活动开展的过程中，老师与家长们鼎力支持，他们陪同幼儿从查

---

[1] 虞永平.再谈幼儿园课程的生活化和游戏化［J］.幼儿教育，2022（8）.

找资料、调查、分享，再到对外宣讲，赋予了这个活动更多的能量。幼儿对"光盘行动"全程都保持着强烈的兴趣，特别是在园外进行宣讲的时候，他们能够大方自信地向路人展示自己的所思所学，回应着路人的提问，可见孩子们内心对要珍惜粮食的感受十分深刻。

经过"光盘行动"的一系列的活动，孩子们了解到了一粥一饭，当思来之不易，"光盘行动"不是一句口号，需要大家一起行动起来，珍惜粮食，拒绝浪费，从我做起，造就更好的未来。

以综合活动"粤剧新编"的反思为例：

粤语、粤剧、千年波罗诞庙会等，是广府地区的重要民俗习惯和岭南文化不可替代的组成部分。随着"印象岭南"主题课程系列活动的展开，幼儿了解到舞龙舞狮等广州萝岗当地的文化，学会了制作特色点心、菠萝鸡，同时也对粤剧萌生了兴趣。"粤剧新编"这一综合活动，由幼儿提出想法，教师适当地给予支持，并在关键时候抛出问题，让幼儿一步一步地圆了自己的"东山少爷西关小姐梦"。在整个"粤剧新编"活动中，幼儿的合作能力得到很大的提高。在遇到问题时，幼儿会商量着解决。幼儿在"玩中学"，在"学中玩"，自然天性得到了充分释放。活动的开展，使生活在广州萝岗的孩子更深入地体会到本土文化，践行了"让教育回归自然，回归生活"的理念。

在"悦绘"课程的第三阶段，更注重幼儿阅读素养和综合能力的提升。幼儿通过丰富多彩的活动呈现探究的过程和结果，共同合作，重组经验，对事物的认识和理解从表浅逐渐深入并内化，知识经验得到升华和延展。而这一阶段的反思，正是基于以上方面来考量。

第五章
课程价值：循例而鉴，悦绘生活

　　幼儿的学习是一个懵然求真、朦然向善、萌然创美的发展历程。随着"悦绘课程"的持续建构，我们逐渐形成了一些课程案例，显现出课程创生的操作范式。依循这些课程案例，进行全面品鉴，可以发现课程价值所在：幼儿活跃于绘本生活化课程的多样活动情境之中，悦于绘织他们的生活。这些案例以三部分构成框架：第一部分，课程立意，回答的是"为什么要创生这一主题课程"；第二部分，课程展翼，回答的是"这一主题课程是如何创生的"；第三部分，课程思益，回答的是"这一主题课程有何创生价值"。本章呈现小班、中班和大班三个主题课程案例，以期从这些绘本生活化课程中透视出"循例而鉴，悦绘生活"的课程价值。

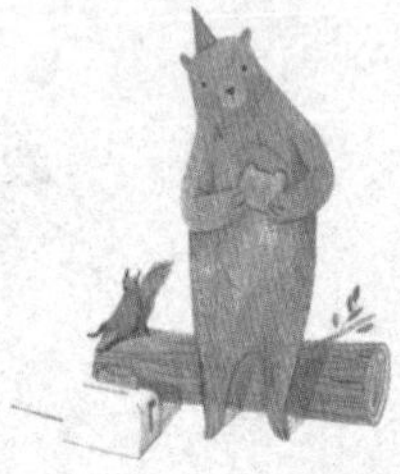

第一节　小班悦绘课程：我的生日会

第二节　中班悦绘课程：我和纸的故事

第三节　大班悦绘课程：『筑』在羊城

第一节　小班悦绘课程：我的生日会

一、课程立意

（一）生活经验与主题确立

1.幼儿生活经验分析

"老师，我4岁了，我请你吃蛋糕！"

"老师，我长大了！"

"老师，我过完生日上幼儿园就不哭了！"

班里，师幼经常谈论有关生日的话题。在进行《这应该是我的生日会》的绘本教学时，幼儿对"生日会"这一主题充满兴趣，"如何庆祝生日"霎时飙升为幼儿讨论的热门话题，在幼儿园举办生日会的想法被一致通过。

通过与家长们交流得知，小班幼儿热衷于过生日，对于和老师、同伴们在幼儿园庆祝生日有着无限的期待！同时，小班幼儿印象最为深刻的是别人为自己策划生日会、准备礼物、庆祝生日，形成的主要是别人为自己庆祝生日的经验，缺乏为他人策划生日会、庆祝生日这类为他人服务的经验。这无形中为"我的生日会"主题的生发提供了教育契机。

2.课程主题的确立

我们希望通过举办"我的生日会"主题活动，让幼儿体验到为自己和他人庆祝生日的欢乐，培养其分享与感恩之心，促进其社会性情感的发展。《3—6岁儿童学习与发展指南》指出："幼儿在与成人和同伴交往的过程中，不仅学习如何与人友好相处，也在学习如何看待自己、对待他人，不断发展适应社会生活的能力。"实施"我的生日会"主题活动，有助于幼儿在为自己和他人庆祝生日的过程中认识到生日的重要性，在与同伴交往中构建和谐关系，养成亲社会行为。在参与生日会的组织和策划过程中，幼儿能够学会在收获他人祝福的同时，大方地向他人表达祝福，懂得在日常生活中，既要接纳自己，也要关爱和尊重他人。

（二）资源分析与学习路向

1.课程资源的分析

（1）绘本资源。

生日类绘本大多聚焦于过生日的生活场景，色彩缤纷鲜艳，主体角色鲜明，故事情节通俗易懂，在激发幼儿充沛想象力之余，还能启发幼儿对"过生日"这一事件的思考，非常适合小班幼儿阅读。

《这应该是我的生日会》形象生动地展现了妹妹为哥哥筹备生日会的过程，有利于幼儿在阅读过程中初步了解生日会的筹办过程，适合作为关键性绘本。其中，绘本关于准备礼物的部分，揭示了男孩和女孩之间喜好的差异，暗示妹妹在策划生日会时过于以自我为中心，为后续兄妹矛盾的爆发埋下了伏笔。最终，妹妹根据哥哥的喜好重新策划生日会，成功解决了矛盾。绘本诙谐幽默的故事转折，有利于帮助幼儿识别、感受主人公的情绪变化，理解主人公情绪变化的原因，从而发展情绪理解能力和共情能力，并有利于启发幼儿在为他人庆祝生日时充分考虑他人的喜好，而非仅凭自己的喜好行事。

作为拓展性绘本，《今天是我的生日》《生日派对》《温妮，生日快乐》《超级生日无敌派对》等包含了各种庆祝生日的场景，从环境布置、社会交往到语言表达方面都有明确的指向，有利于帮助幼儿了解举办生日派对的基本流程和庆祝生日的多种方式。《谢谢你来给我过生日》《想和我一起过生日吗》《妈妈成为妈妈的那一天》《世界上最好的礼物》等拓展性绘本，有利于帮助幼儿领悟生日的意义，尝试理解他人的想法和感受，体验爱父母、亲近信赖长辈的美好。其中，拓展性绘本《疯狂生日会》以小动物们给小麻雀庆祝生日为主线，通过富有表现力的画面和情节，展现了每个动物的不同特性，有利于激发幼儿对于生日表演的想象力和创造力。

（2）家长资源。

家长协助幼儿收集"生日"主题相关绘本带回园内分享。

家长配合并提供孩子过生日的照片；家长配合幼儿开展关于"生日"的调查采访；家长用照片和视频帮助幼儿记录主题开展的过程。

家长与幼儿共同准备关于"生日"系列的"小主播"播报材料。

家长协助班级准备生日派对的物品，参与会场布置等。

家长协助班级开展话剧表演，准备话剧表演的服装、道具等。

（3）社区资源。

鼓励幼儿积极寻找适合开展生日会的场所，培养幼儿思考问题、解决问题的能力。

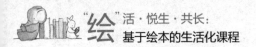

2. 幼儿的学习路向

（1）学习目标。

阅读经验发展目标：培养初步的阅读理解能力，感受故事情节，理解角色的情绪并能用不同的语气、语调表现出来；通过绘本阅读，了解生日的由来和意义，能根据画面说出发生了什么，同时，在初步理解故事的过程中体验尊重与关心他人的美好情感。

生活经验发展目标：能根据自己的兴趣选择自己喜欢的生日会形式，愿意承担布置生日会的任务，为自己能参与策划生日会而感到高兴，有自尊自信的表现；知道亲友的生日，愿意站在他人的角度考虑并为之庆祝，尝试换位思考；在尝试和同伴策划生日会的过程中，体验与同伴合作的快乐以及一起完成任务的成就感，萌发集体荣誉感；积极参与生日类绘本剧的表演与创作，动手动脑，体验进行探索创造和自我表现的快乐；初步理解数的概念，学习用对比、验证的方式解决问题，尝试用投票、统计的方法解决生活中的问题；愿意在熟悉的人面前大方讲述故事、表演。

（2）学习脉络。

如图5-1-1所示，依据以上的可行性分析和主题发展目标，"我的生日会"主题课程主要按照"调查—探究—创作"的发展脉络进行。在预设活动的基础上，每个阶段均生成了部分活动，充分尊重幼儿的探索意愿，在多样化的探究活动中实现幼儿经验的形成、拓展、迁移和内化。

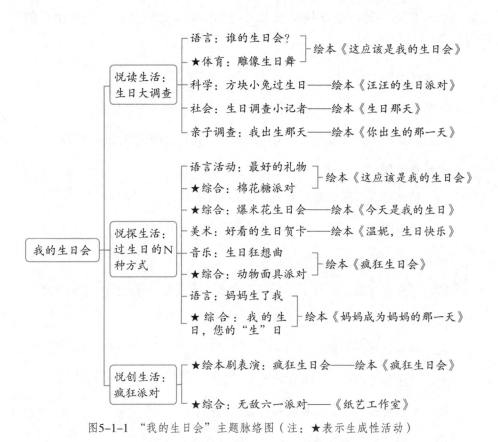

图5-1-1 "我的生日会"主题脉络图（注：★表示生成性活动）

二、课程展翼

（一）悦读绘本与初绘生活

语言活动：谁的生日会

1.活动目标

通过阅读绘本《这应该是我的生日会》，了解策划生日会要做哪些准备；能根据画面，口齿清晰地复述简单的故事，愿意表达自己的观点，必要时配以动作和手势；尝试换位思考、理解他人，体验为别人庆祝生日的快乐。

2. 活动准备

物质准备：绘本《这应该是我的生日会》，歌曲《生日快乐》。

经验准备：幼儿有过生日的生活经验，知道自己的生日是哪一天。

3. 活动过程

（1）话题导入，激发阅读兴趣。

师："小朋友们，你们知道自己的生日是几月几日吗？"

师："你们是怎么庆祝生日的？"

师："查理准备过生日了，我们来看看，谁会为他举办生日会呢？让我们一起来听听绘本故事《这应该是我的生日会》。"

（2）师幼共读，梳理情节。

师："这是谁的生日？谁在布置生日会？"

师："查理喜欢这个生日会吗？为什么？"

师："最后劳拉为查理做了哪些改变？查理喜欢吗？"

臻臻："这是查理的生日会，劳拉想给查理布置一个很惊喜的生日会。"

佳佳："但是劳拉喜欢的和查理喜欢的不一样，比如劳拉喜欢粉色，什么都要粉色的，可查理喜欢怪物。"

毅毅："对啊，所以查理不喜欢这个生日会。后来劳拉改了他才喜欢。"

（3）聚焦主旨，深度互动。

教师出示绘本，引导幼儿观察画面并讲述故事内容，启发幼儿关注查理生气的原因，发现查理和妹妹解决矛盾的关键是妹妹根据哥哥的喜好重新策划生日会。

师幼一起体验绘本中查理喜欢的怪物追人游戏，还播放歌曲《生日快乐》为其庆生。

师幼总结：原来，每个人都有自己的生日，是自己生日会的主人，我们要尊重举办生日会的小主人，不能自己喜欢什么就做什么，应该给过生日的人带来快乐，带去惊喜和祝福。

4. 活动反思

绘本《这应该是我的生日会》围绕妹妹劳拉给哥哥查理布置生日会展开，通过绘本丰富的色彩和饱满的画面，幼儿了解到生日会是如何布置的，需要做哪些准备。故事的高潮和转折是：劳拉精心准备一番后，不仅没有得到查理的肯定，反而让查理感到无奈与失望。劳拉这才意识到生日会要以当事人的感受为主，于是把自己的喜好抛开，以查理的视角重新布置，最后获得了查理的肯定，赢得了大家的喜爱。

在这一活动中，幼儿能够根据绘本画面说出自己的看法，在别人表达时能够耐心倾听，尊重发言人。幼儿从中了解到换位思考、理解他人的重要性，也体验到为他人准备惊喜、庆祝生日是一件美妙的事情。活动后，我们看到幼儿能够在生活中主动帮助他人、关心生病的同伴，在与同伴相处时能够换位思考、尝试理解他人的感受，并且开始萌发为他人举办生日会的想法。

社会活动：生日小记者

1. 活动目标

通过采访、调查了解周围人的生日和生日愿望，知道如何筹备生日会，确定生日会的主题；能友好地提出采访请求，主动承担策划生日会的小任务，愿意从生日者的角度去筹划准备；体验成功为他人举办生日会的成就感，喜欢同伴合作，感受为他人庆祝生日的快乐。

2. 活动准备

物质准备：采访时需要的录音设备，爆米花、玉米粒、锅、油、糖，爆米花纸杯，《疯狂动物城》电影视频，电影屏幕。

经验准备：幼儿以往过生日的照片。

3. 活动过程

（1）谈话导入，链接生活。

师："小朋友，上个月我们举办了生日会，你们感受如何？印象最深刻的是什么？"

诗诗："我觉得开心，我喜欢在幼儿园过生日，可以玩很多游戏。"

晴晴："我也喜欢，因为可以吃很多好吃的食物，比如薯条。"

蕊蕊："可以和老师一起过生日，很开心。"

臻臻："我最喜欢吃棉花糖了。"

（2）师幼研讨，引发生日调查。

师："三月份，班里没有要过生日的小朋友，那我们还举办生日会吗？"

悦悦："我们可以去调查一下幼儿园里有谁三月份过生日。"

晴晴："没错，我们去问问小班、大班的小朋友。"

师："那你们知道怎样进行采访吗？你们有采访过别人或者被别人采访过吗？"

六六："采访就是我们问问题，别人来回答。"

星星："对，我们还需要记下来，不然会忘记。"

诚诚："但是我还不会写字啊，怎么办？"

蕊蕊："可以请老师帮我们写下来，如果那个人说得很快的话，我们可以录音，结束后再播放出来听，这样就不会忘记啦！"

焌焌："那我们要先想好问哪些问题。可幼儿园这么多人，我们该怎么问呢？"

然然："老师应该知道小朋友的生日，我们可以直接问老师。"

玥玥："我们还可以问一些小朋友，他们喜欢怎样的生日会。"

（3）分组调查，实地采访。

部分小朋友自由组队，到每个班级里调查过生日的人数。

部分小朋友将调查到的人数记录下来。

部分小朋友录下生日宝宝的愿望和期待的生日会主题。

（4）回顾调查，萌发创意。

师："我们通过采访发现，幼儿园里三月份过生日的小朋友总共有15位，三月份过生日的老师有3位。他们希望的生日会是怎样的呢？"

瑶瑶："我采访的小朋友说，希望生日会上有好多好吃的。"

行行："对，他们还想在幼儿园看电影，他们说没有体验过。"

竹竹："我采访的老师们说，想和小朋友们一起过，他们说这才是特别的生日会。"

师："小朋友，根据你们的调查，你们想为这些过生日的小朋友和老师举办什么样的生日派对呢？"

悦悦："我还想再来一次棉花糖派对。"

柔柔："我觉得可以举行爆米花主题派对。除了爆米花，过生日的人还可以在派对上吃不一样的食物。"

阳阳："我也喜欢吃爆米花，我去看电影的时候就会吃爆米花。"

森森："有很多小朋友说想在幼儿园看电影，我们可以让他们在生日会上边看电影边吃爆米花。"

毅毅："我也要给哥哥姐姐们举办爆米花生日会。"

师："既然大家都想要举办爆米花生日会，那就让我们一起开始准备吧。"

（5）活动延伸。

为过生日的伙伴制作爆米花；邀请寿星一起看电影。

4.活动反思

"班上没有三月份过生日的人，要怎么样才可以举办生日会呢？"生日小调查活动由这个问题而诞生。

幼儿决定每个月都要举办一次生日会，可三月份班上却没有一位小朋友过生日，于是我们抓住这个教育契机，在园内开展三月生日宝宝的调查，尝试让幼儿从关注自身到关注身边人。调查之前，幼儿能够主动思考采访的形式、内容。通过讨论，我们确定向班级老师收集过生日的人数，这样不仅节约时间，还能获得准确答案。另外，通过和生日宝宝及老师的沟通，幼儿了解到他们的生日愿望和期待的生日会形式，为后续筹办生日会做好了铺垫。

在开展实地调查后，幼儿讨论得特别热烈，一点儿也没有因为自己不能过生日而感到遗憾，而且在确定生日会主题时，他们能够尝试换位思考，积极地为他人策划温馨的生日会。

在制作爆米花的过程中，幼儿积极主动地学习称重、搅拌，学会耐心等待，和同伴一起分装，动手操作能力得到提高，也感受到完成任务的成就感，享受着和同伴一起合作的过程，体验着为他人庆祝生日的快乐。

（二）悦探绘本与深绘生活

音乐活动：生日狂想曲

1. 活动目标

感知音乐，进一步熟悉回旋曲的曲式特点，体会三段音乐带来的不同感受；尝试根据音乐特性选择相应的乐器，并用乐器敲打出基本节奏；体验演奏带来的快乐，感受音乐的魅力。

2. 活动准备

物质准备：音乐《森林狂想曲》，打棒、串铃、铃鼓等乐器。

经验准备：上一次活动已经根据音乐创编了声势律动，幼儿知道打棒、串铃、铃鼓的演奏方法。

3. 活动过程

（1）说一说，问个好。

教师和幼儿进行音乐游戏《问好歌》。

师："拍拍手，问个好，我们一起说'你好'！"

幼："你好！"

师："跺跺脚，问个好，我们一起说'你好'！"

幼："你好！"

师："抱一抱，问个好，我们一起说'你好'！"

幼："你好！"

（2）演一演，动一动。

师："孩子们，还记得我们在小动物生日会上表演的律动吗？我们一起随音乐再表演一次吧！"（师幼一起回忆上一次活动的内容。）

师："刚刚我们是通过敲打身体部位来为乐曲伴奏，乐器宝宝听到你们的伴奏，觉得很好听，它也想跟音乐玩游戏，你们欢迎它吗？"

（3）瞧一瞧，敲一敲。

熟悉乐器，重温演奏方法。

师："让我们一起来看看今天的乐器有哪些吧！我们该怎么使用这些乐器呢？还记得吗？"（邀请个别幼儿演示乐器的正确使用方式。）

感受音乐，探索演奏方式。

师："你们听完音乐后，觉得A部分可以用什么乐器来演奏呢？B部分可以用哪个乐器演奏？C部分呢？为什么？"

文文："我觉得B部分可以用打棒，那时候是小兔子出现，小兔子过生日很开心，一直蹦蹦跳跳的，打棒敲起来也是蹦蹦跳跳的。"

瑶瑶："确实很像，听起来就很高兴。"

蕊蕊："那C部分用什么呢？"

焌焌："C部分就像孔雀开屏的画面，用手摇铃画一个圈不就很像孔雀开屏吗？"

师："小朋友们想了这么多方法，要不让我们一起来试一试吧！"

第一次分组：教师引导幼儿根据自己的喜好选择乐器，在音乐播放前，教师进行慢速哼唱，引导幼儿跟随节奏进行演奏，演奏后，师幼根据实际情况进行小结。

师："你们觉得第一次的合作演奏怎么样？"

行行："我觉得A部分的小朋友演奏得很整齐，听起来就很舒服。"

诗诗："因为我们一边听着音乐的节奏，一边看着老师指挥呀。"

小皓："对，而且要很认真，不然会跟不上，这样就会很吵。"

明明："我很想试一试打棒，我觉得打棒可能会比较简单。"

第二次分组：交换乐器，幼儿熟悉了乐器再尝试演奏。

师："你们感觉这次演奏得怎么样？"

师幼进行讨论，总结经验：第二次演奏比第一次演奏得好，因为小朋友都很认真。

第三次分组：再次交换乐器，每位幼儿选择自己没有使用过的乐器。

师："小动物们很喜欢你们的乐器演奏，可以为它们演奏一次吗？"（最后一次进行乐器交换，至此，所有幼儿均体验了三种乐器。）

活动总结：这次的演奏你们感觉怎么样？喜欢乐器演奏吗？小动物也很喜欢你们的演奏，它们为你们准备了美味的水果，你们期待吗？

师："让我们一起谢谢小动物，下次再见！"

（4）活动延伸。

音乐活动结束后，幼儿的兴趣并没有因此消散，反而常常在表演区进行乐器表演，有的小朋友还想在一个正式的场合进行演出。于是我们在接下来的生日会上表演了森林版的《生日狂想曲》。

4. 活动反思

在整个活动过程中，幼儿展现出了高涨的兴趣和专注度。每位幼儿均有机会尝试演奏三种不同的乐器，这为他们提供了充足的表演空间与探索机会。活动中，幼儿需同时聆听音乐、观察指挥并演奏乐器，对于小班幼儿而言，这是一个不小的挑战，因为任何疏忽都可能导致演奏的不和谐。因此，教师给予幼儿充分的时间去熟悉和探索乐器。每次演奏结束后，教师都及时与幼儿进行小结，引导他们回顾演奏过程，发现问题并思考解决方案。同时，教师在过程中特别关注那些节奏不稳定的幼儿，激发他们的积极性和专

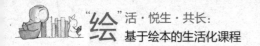
注力，帮助他们树立自信。

综合活动：我的生日，"您"的生日

活动缘起：这天，孩子们凑在一起讨论下一次生日会的举办，小骏突然说："老师，妈妈生我的时候很痛！"这一番话让原本热烈讨论的小朋友都安静了一小会儿，继而又七嘴八舌地议论起来。蕊蕊说："我妈妈生我的时候还要割开肚子。"诗诗说："她的肚子会很大的！"柔柔也说："我们在妈妈肚子里待了很久很久才出来，很辛苦的！"我说："妈妈生你们出来的那天，就是你们的生日，对妈妈来说，那叫什么日子呢？"这时，晴晴说："也是生日，是妈妈生我们的日子。"小朋友开始变得兴奋："我们的生日跟妈妈的生日一样！""那我们可以跟妈妈一起过生日啊！"瑶瑶说："对啊，我们跟妈妈一起过生日吧！老师，我要邀请妈妈一起参加我们的生日会！"孩子们的这番话让人醍醐灌顶。对啊，如孩子们所说，我们可以举办一个和妈妈一起过生日的生日会呀！于是，新的生日会主题便由此诞生了。

1. 活动目标

在亲子互动中感受妈妈对自己深刻的爱，愿意主动亲近妈妈，为妈妈做力所能及的事情；能从妈妈的角度出发，和同伴一起讨论设计生日会游戏，并通过表演、送礼物等多种方式表达对妈妈的爱；积极参与活动策划与组织，愿意与同伴沟通协作，遇到问题不轻易放弃，在行动中萌发爱护妈妈的情感。

2. 活动准备

物质准备：向妈妈发出邀请的视频，亲子手工材料、波波球、海绵棒、篮筐，活动音乐，生日蛋糕，表演背景布。

经验准备：阅读过绘本《妈妈成为妈妈的那一天》，回忆妈妈为自己做过的事情，有为同伴策划生日会的经验，师幼提前确定生日会上的游戏。

3. 活动过程

（1）亲子游戏——护崽大作战。

师："今天，我们邀请了妈妈来参加我们的生日会。但是，参加生日会是需要完成挑战的！小朋友要有克服困难的决心，妈妈们也要想办法保护自己的宝宝才行。现在先来试试妈妈们能不能保护好我们的宝宝。"

游戏规则：音乐响起时，妈妈牵着宝宝围圈走，当音乐变得急促时，"大老虎"会拿海绵棒敲打站起来的人，妈妈需要快速反应，护住宝宝蹲下，避免被海绵棒打到。

师："妈妈们真的很伟大，在危险来临时会马上护住自己的宝宝。接下来我们就要出发去拿生日礼物了。"

游戏规则：幼儿和妈妈为一组，四组家庭同时比赛。音乐起，亲子手牵手跳过跨栏，向前跑的过程中要想办法避开大老虎的海绵棒，跑到终点后拿生日礼物，即可归队。

（2）亲子手工：为妈妈制作手工扇。

师："妈妈就像我们的保护伞，会不顾一切地替我们抵挡住危险，小朋友也想为妈妈做些什么。天气炎热，宝宝们想亲手为妈妈制作一把独一无二的手工扇子，为妈妈送来清风，扇去烦恼和忧愁。"

（3）幼儿表演——我为妈妈唱首歌。

教师总结：我们出生的日子也是妈妈将我们生出来的日子，在我们开心快乐的同时，也不要忘记妈妈为了让我们平平安安出生而做的努力。

4.活动反思

这是幼儿策划的第四次生日会。确定生日会主题后，幼儿时不时聚在一起讨论生日会的流程，在讨论过程中不会像前几次一样天马行空地想象，而是会提出具有可行性的建议，当别人在讲述自己的想法时，能够耐心倾听、尊重发言者，除此以外，还会翻阅绘本，借鉴故事中举办生日会的创意。

一开始，幼儿在讨论生日会流程时，教师原本以为孩子们会以自我为中心，只会从自己的角度出发，但在后期听幼儿分享流程的时候，教师惊讶于他们能够通过同伴交流、搜集资料，萌发不同的创意。生日会的成功举办让妈妈们都触动很深，这个生日会真是意义非凡。

（三）悦创绘本与延绘生活

绘本剧表演：疯狂生日会

阅读月的故事表演活动马上要开始了，老师和小朋友商量要演什么好，文文拿着绘本《疯狂生日会》走到老师面前，说："老师，这个故事很搞笑，我们可以演出来吗？"老师翻开绘本仔细研读，从故事角色到故事情节，的确都很吸引人，童真有趣，语言也很简练，非常适合小班小朋友来表演。于是老师点点头。小朋友们都觉得故事很有意思，踊跃地报名参加，一场可爱童趣的故事表演就这样诞生了。

1.活动目标

了解什么是表演，感受故事情节，理解角色的情绪；具有初步的阅读理解能力，通过画面感受角色特点并用不同的语气、语调表现出来，愿意在熟悉的人面前大方表演；喜欢和同伴一起讨论、表演，体会顺利表演带来的成就感，感受表演绘本剧的快乐。

2. 活动准备

物质准备：绘本《疯狂生日会》、动物服装、故事录音。

经验准备：阅读过绘本《疯狂生日会》，幼儿有表演儿童剧的经验。

3. 活动过程

（1）说一说，看一看。

师："小朋友，你们知道什么叫故事表演吗？"

星星："就是像电视剧那样。"

明明："还要穿表演服，很美丽的。我去看过《木偶奇遇记》，大人小孩都要穿表演服。"

焌焌："没错，看完演出还要鼓掌，向演员表示感谢。"

晴晴："但我们不知道表演的时候要说什么。"

总结：小朋友们说得没错，表演就是选择自己喜欢的角色，把角色要说的话说出来，把表情动作做出来，这样就是一名小演员啦。

师："文文推荐我们表演绘本《疯狂生日会》，大家同意吗？我们一起来将这个有趣的故事表演出来吧。"

（2）编一编，演一演。

老师出示绘本，和幼儿一起回忆绘本内容。

老师念旁白，小朋友尝试进行表演。

悦悦："朋友们，还是让我来亮一下金嗓子吧！咩……咩……"

乐乐："不对不对，你表演得不对，山羊叫的时候是很自信很大声的，你要再大声一点儿。"

诗诗："对啊，就像我的水牛夫人一样！哞……"

瑶瑶："我们在大合唱的时候可以唱什么呢？"

希希："要不唱《小毛驴》吧！我有一只小毛驴，我从来也不骑……"

晴晴："不如唱《森林歌唱家》吧！刚好我们就是在森林里表演的，很适合啊！"

六六："好主意！我同意！"

（3）排一排，试一试。

在表演区里，师幼布置好《疯狂生日会》的剧场环境。

幼儿根据故事内容进行表演，深化对故事的认知。

（4）说一说，乐一乐。

文文："表演太好玩了，就是有点儿难。"

竹竹："有的台词很难记，要练习很多次才可以记住。"

诗诗："我喜欢表演，以后我要每天都表演故事。"

师："大家的表演都很棒，虽然中间有些忘词，但是小朋友都能很快地调整过来，你们真是一群很棒的小演员，相信你们会越演越顺利。老师已经将服装放到表演区，有兴趣的小朋友可以去表演哦。"

4. 活动反思

经过舞台实践，幼儿获取了宝贵的表演经验。鉴于幼儿是第一次演绎这个故事，他们在与旁白、音乐以及同伴的协作方面显得生疏，彼此间的默契度也略显不足，因此在舞台上的表现力并未达到理想状态。于是老师将表演服装与音频素材放置在表演区。幼儿对表演的热情逐渐升温，他们每天在表演区不断"磨炼"自己的演技。随着演绎次数的累积，他们的熟练度显著提升，表演也日趋生动。

更令人欣喜的是，幼儿开始自主选择喜爱的绘本，与好友共同分配角色进行演绎。一部分幼儿甚至能够依据故事情境自主创作台词，这不仅极大提升了他们的语言表达能力，同时也促进了思维能力的提升。家长们也为表演区提供了丰富的道具支持，为幼儿营造了和谐、积极的成长环境。

综合活动：无敌"六一"派对

儿童节快到了，幼儿都在讨论儿童节爸爸妈妈带他们去哪里玩，大家都很热情地邀请好朋友和自己一起出游。可是，每个人都有不同的安排，时间凑不上，怎么办呢？"为什么我们不先在幼儿园一起玩呢？"诚诚提出疑问。

"我们每天都在一起玩啊，一起玩滑梯、骑自行车，可是我想在那一天做点儿不一样的游戏。"骏骏说道。这时，六六拿出绘本《超级生日无敌派对》，说："为什么我们不能像小河马一样，设计一个超级无敌好玩的派对游戏呢？这样大家都能玩到自己喜欢的游戏，还能玩别人喜欢的游戏。"六六话音刚落，班上瞬间像炸开了锅一样，大家都很兴奋，叽叽喳喳地聊着自己喜欢的游戏有哪些，还有的人不断地翻阅着这本绘本，想从里面找出好玩的游戏。大家自信满满地说，这次要举办的是——超级无敌六一派对！

1. 活动目标

初步理解数的概念，学习用对比、验证的方式解决问题；尝试用投票、统计的方法解决生活中的问题，学会手口一致地点数票数，比较谁的总数多，谁的总数少；体验和发现生活中很多地方都用到了数，遇到问题不轻言放弃，愿意思考解决的方式，和同伴老师一起尝试解决，在游戏中学会自我保护。

2. 活动准备

物质准备：统计表、贴纸、软垫、围网、波波球、胶带、椅子、纸牌、活动音乐。

经验准备：阅读过绘本《超级生日无敌派对》。

3. 活动过程

（1）谈话导学，投票定游戏。

师："小朋友，你们想在派对上设计哪些游戏项目呢？"

诗诗："我想设计一个蹦蹦床的游戏，我们可以在上面蹦蹦跳跳！"

瓜瓜："我也喜欢蹦蹦床游戏！"

悦悦："我想玩跑的游戏，我很喜欢跑步。"

晴晴："玩抢椅子的游戏不就可以跑了吗？玩抢椅子吧，我也喜欢。"

瑶瑶："我喜欢跟着音乐跳起来，我们可以设计跳舞的游戏啊。"

师："小朋友都有各自喜欢的游戏。我们可以根据游戏的场地以及游戏需要的道具，投票选出最适合也是小朋友最喜欢的项目作为派对上的游戏。"

师："现在，我把你们说的游戏项目记录下来，我们一起来看看哪些游戏是不合适的，先去掉，接着再来投票选择你们最喜欢的游戏。"

第一次投票：老师收集了大家想设计的游戏后，师幼讨论，把危险、可行性不高的游戏去除，然后小朋友开始为自己喜欢的游戏投票。

发现问题：有的小朋友只选了一个游戏，有的小朋友选了四五种游戏，有的小朋友把两张票都给了同一个游戏，导致统计结果不准确。

处理办法：大家决定，每个人只能有三张票，要分别投给三个不同的游戏，这样统计的结果才比较准确。

第二次投票：每个小朋友拿到三张票后，分组上来投票。同时，增加统计员和验票员，他们需要在小朋友投票时做好监控，避免有人不遵守投票规则。

投票结果：蹦蹦床游戏23票、抢椅子游戏18票、纸牌游戏15票、跳舞游戏10票、丢手绢游戏8票、套圈圈游戏6票、运球游戏5票、彩虹伞游戏5票。

根据票数，我们确定了派对上要玩的游戏是蹦蹦床、抢椅子和纸牌游戏。

（2）开展游戏，分享感受。

开展派对游戏。

游戏结束后，小朋友介绍自己参加的游戏，表达自己的体验。

六六："我今天玩了蹦蹦床，非常好玩，我摘了好多波波球！"

竹竹："我也很喜欢蹦蹦床，每次我都想选蹦蹦床。"

玥玥："我喜欢抢椅子游戏，有一次我当了冠军！"

诚诚："纸牌游戏才最好玩，我都把纸牌翻上天了。"

4. 活动反思

在这一活动中，幼儿面临的问题是：当大家意见不统一时该怎么办？这其实也是日常生活中我们会遇到的问题，大家没有因此而争吵不停，而是采用投票、统计的方式来解决问题。在第一次投票时，大家随心所欲地选择，结果发现数据不准确，没有解决问题，于是确立了投票规则：每人只有三票，必须投给三个不一样的游戏项目。规则的建立大大提高了统计的效率和准确率，幼儿在验证、对比中思考问题、解决问题。

在游戏确定后，布置游戏场地成了首要任务。幼儿以极大的热情和创造力投入游戏场地的设计中，并通过深入讨论和精心绘画，逐步构建出理想的游戏空间。在布置场地的过程中，他们不断调整游戏项目的距离和位置，力求为游戏体验带来最佳效果。当遇到问题时，老师并没有简单地提供解决方案，而是耐心引导孩子们主动思考，鼓励他们自主解决问题。通过这样的实践活动，幼儿在游戏中不仅获得了乐趣，更在解决问题的过程中收获了成长和进步。

三、课程思益

（一）促进阅读与学习效能

主题课程"我的生日会"通过系列主题绘本的阅读活动，链接幼儿自身的生活经验，加强了幼儿与同伴、老师之间的沟通，提高了幼儿的自我表达能力。一方面，幼儿能将画面提供的信息和自身理解相结合，说出绘本中的关键表述，并将其运用到日常生活中。绘本《世界上最好的礼物》与《妈妈成为妈妈的那一天》进一步激发了幼儿对母亲及其他亲人的深深关爱之情。这些绘本促使幼儿更加主动地表达爱与关心，深刻感受家庭的温暖。这有助于培养幼儿关心身边人事物的良好品质，促进其社会性交往和情感发展，塑造其积极乐观的生活态度。另一方面，在策划前期的讨论环节，幼儿的倾听能力较差，热衷于表达个人观点。然而，随着老师的引导，幼儿逐渐学会了倾听他人的发言，并在后期主动提出轮流发言的机制。

其中，在关键性绘本《这应该是我的生日会》的深度讨论中，幼儿体会到换位思考的重要性，并通过拓展性绘本阅读了解了生日的由来和意义，能够根据画面，用简单句子说出发生了什么，同时，幼儿在初步理解故事的过程中体验到爱父母、亲近与信赖长辈的美好情感，从而大方地对亲人、朋友、老师表达关心和爱意。最后，幼儿在复现绘本内容的基础上，能够将绘本《疯狂生日会》生动地演绎出来，进一步体悟到角色的特点和情绪，并在大胆表现中进一步理解了绘本《疯狂生日会》的深层内涵。

主题课程"我的生日会"促进了幼儿早期阅读能力的发展，包括培养良好的阅读习惯和行为、理解绘本内容、形成阅读策略以及表达阅读内容等方面。在师幼共读活动中，幼儿开始主动翻阅书页、专注地观察图画、爱护图书等，对生日类绘本产生了浓厚兴趣。在策划生日会、阅读生日系列图书的过程中，幼儿自然而然地对文字、数字产生了兴趣，比如在绘画中会加入"生日快乐""开心"等字眼，在画生日蛋糕时，还会写上"4""3"等对应年龄的数字。

（二）丰富生活与课程价值

在"我的生日会"主题活动中，幼儿不仅深入了解了自己的生日，更通过详尽的调查，积极探寻了同伴、亲人及老师的生日信息。他们在阅读绘本《这应该是我的生日会》的过程中，逐渐摒弃了原有的自私想法，开始尝试站在他人的立场上思考问题，以他人的感受为优先。通过亲身参与生日会的筹备与庆祝，幼儿不仅学会了自我接纳，更学会了关爱与尊重他人。在这一过程中，他们收获了来自他人的诚挚祝福，也学会了大方地向他人表达祝福。

此外，在生日会的组织和策划过程中，幼儿不仅加深了对自我的认知，还学会了理解他人的感受。在意见不统一时，幼儿一改往常"所有人必须听我的"这类想法，愿意换位思考，倾听他人的想法，学会在自己和他人的意见中寻求平衡点。在快乐的交往氛围中，他们建立了良好的同伴关系，并学会了区分自己的感受和他人的感受。他们也学会了在接受他人祝福的同时，大方地回应并祝福他人，从而养成关心他人的品质，社会交往能力和情感得到了进一步发展。

这次主题实践，师幼多次共同策划生日会，逐渐展现以幼儿为主体的学习过程。初期是老师全程设计、安排生日会流程，家长提供材料，幼儿只需要玩；到中期，幼儿能够在老师的支持下讨论、设计、布置生日会；后期则由全班幼儿自发地分工合作，主动交流，制定投票规则，策划生日会。幼儿在与同伴的交往中学会了积极交流、友好相处，在面对问题时，没有忽略和逃避问题，而是通过观察、讨论、实验、对比等方式解决问题，听取他人意见，友好协商，最终实现共同进步和成长。

第二节　中班悦绘课程：我和纸的故事

一、课程立意

（一）生活经验与主题确立

1. 幼儿生活经验分析

3月12日，师幼在开展植树节系列活动时，谈论到"植树节"不仅要植树，还要保护树木、爱护植物。有的幼儿提出"节约用纸就是保护树木、爱护植物"的观点。有的幼儿发出疑问："为什么节约用纸就是保护树木呢？"老师回应道："节约用纸是一种环保的行为，因为纸张的生产过程会消耗大量的木材和能源，并产生大量的污染物。因此，减少纸张的使用不仅能保护树木资源，还能减少能源的消耗，降低环境污染的程度。"听了老师的分享，幼儿对于"如何减少纸张的使用""如何进行废纸再利用"等问题的好奇心愈发浓烈。

我们日常生活离不开各种各样的纸，从纸巾、纸盒到纸袋，从绘本、报纸到海报……纸不仅是生活中时时处处要用到的必需品之一，也是人们精神生活的重要载体。在生活中，幼儿频繁地用到各种纸及纸制品。他们翻阅纸质绘本；用纸张进行绘画和剪纸、折纸等各种手工制作，玩纸牌游戏等。尽管幼儿对如何使用身边的纸非常熟悉，但对于"纸是从哪里来的""纸有哪些种类""不同种类的纸各有什么用途"这些关于纸的概念和问题都不了解，平时只能通过绘本或视频获得一些浅显的经验，缺乏直接和深入的实践体验。

2.课程主题的确立

《幼儿园教育指导纲要》指出："自然的、身边的、熟悉的、生活中的事物是幼儿最感兴趣的。"教师抓住教育契机，立足幼儿的兴趣，依托园本生活化课程的内容，以纸为主线，创生"我和纸的故事"主题课程，以期让幼儿在自由、自主、自发的"玩纸"过程中展开深入探索，通过观察、比较、操作、实验等方法，不断地发现问题、分析问题，培养幼儿解决问题的能力，同时让幼儿感知纸的特性，积累丰富的知识经验，加强节约用纸、爱护自然资源的意识。

（二）资源分析与学习路向

1.课程资源的分析

（1）绘本资源

关于纸的绘本，主要是以科普为主题的作品，通常采用简单易懂的语言、生动有趣的插图，通过实际操作示范等方式，引导幼儿了解纸的种类、用途和功能。同时，一些绘本提供的有趣、互动和启发性的体验，还能激发幼儿的思考，培养他们的观察力和创造性思维。这些共性特点使得以纸为主题的绘本成为支撑幼儿学习的重要资源。

其中，关键性绘本为《可回收物之纸张》。绘本从小男孩整理房间的独特视角开始讲述，他发现废纸是可回收垃圾。绘本以生活化的场景来普及垃圾分类，生动地阐述了垃圾分类处理与生活之间的关系。同时，绘本以家庭环境为背景，描绘了各种与纸有关的物品，引导幼儿在熟悉的生活环境中寻找纸的踪迹，从而不断加深对纸的认识。通过这种方式，我们可以将日常生活中与纸相关的素材转化为丰富的学习内容，进一步拓宽幼儿的知识视野。

有关纸的拓展性绘本能为主题课程的深入提供不同的支架作用。绘本《纸张的故事》《纸的奇妙历险》《造纸术》《纸的发明》《了不起的造纸术》《有用的再生纸》中生动的插图和简洁明了的文字，完整呈现了造纸的过程，有利于幼儿在动手体验造纸与创纸活动中感受纸资源的可贵和有用。绘本《万物里的科学——纸》《纸宝宝去旅行》展现了诙谐有趣的纸的实验，有利于启迪幼儿在一次次动手操作中体验到探索纸的奥秘的乐趣。绘本《玩报纸》《纸包鱼》《纸艺师》《纸与火》通过故事情节和角色塑造，向幼儿展示了纸的力量和多样性，有利于启发他们在生活中科学地运用纸，帮助他们树立正确的价值观。绘本《纸艺工作室》《纸工房的神奇盒子》《纸房子故事》《你和纸的100种游戏》向幼儿展示了纸的创意应用和手工制作的可能性，从剪贴画、纸雕塑到纸艺摄影，甚至是制作纸家具和纸偶剧场等，画面中具体的示例、步骤和创意设计，有利于激发孩子们的创造力和手工能力。这些拓展性绘本不仅是指导幼儿制作纸制品的工具书，更是培养他们的想象力、创意思维和动手能力的启蒙读物。

（2）家长资源

家长协助幼儿收集各种各样的纸和相关绘本带回园内分享。

家长参与查找资料，带领幼儿造纸，并协助幼儿做好主题开展过程的记录。

亲子制作关于"我和纸的故事"的自制书。

家长和幼儿使用各种各样的纸进行亲子手工活动。

邀请个别家长作为废旧纸制品回收活动的义工，协助开展活动。

（3）社区资源

图书馆：附近的图书馆可以为幼儿园提供阅读材料和图书借阅服务。教师和家长可定期带领孩子们去图书馆参观、借书，培养幼儿的阅读兴趣和能力。

社区回收站：教师可带领幼儿走进附近社区，认识"纳吉岛"纸制品回收站，了解变卖废旧纸制品的方法，开展废旧纸制品回收活动。

2. 幼儿的学习路向

（1）学习目标

阅读经验发展目标：阅读、理解与纸相关的绘本，增强对文本的理解能力，了解纸的演变历史、种类和用途等方面的知识，能与同伴分享、讨论，将绘本里的音乐、体育、科学、美术等游戏延伸到生活中；对"造纸"的绘本感兴趣，能根据绘本内容大致说出纸张制作的过程，并用图画和符号对整个主题活动过程进行表征；阅读与纸相关的手工制作绘本，了解不同手工纸制品艺术的形式和风格，能进行简单的创作，并用自己制作的作品布置环境和美化生活；阅读与"节约用纸"相关的绘本，了解纸的生产过程对环境的影响，学习如何使用纸以及如何回收和再利用纸张，培养环保意识和可持续发展观念。

生活经验发展目标：在"寻纸""探纸""玩纸""惜纸"等游戏过程中，积累有关纸的感性经验，运用观察、比较、操作等方法，感知不同种类的纸与自己生活的关系；了解生活中常见的纸的名称和用途，感知纸易折、易撕、怕水等多样特性，探究纸的秘密，具有好奇心和求知欲；发现生活中的纸艺作品，用绘画、手工制作等多种方式创作出丰富的纸艺作品；有初步的环保意识，懂得珍惜纸张和书本，积极进行节约用纸行动，包括利用双面纸张、利用废纸进行手工创作、参与废纸造纸、制作纸制品管理小书等方式。

（2）学习脉络

根据幼儿的经验和兴趣，我们一起探讨和梳理了纸的探究内容，按照"调查—探究—创作"的发展脉络（如图5-2-1所示）进行实践，满足幼儿的兴趣和发展需求，并帮助他们更深入地理解和应用纸的知识。每个阶段的生成性活动都与预设性活动相辅相成，有效促进幼儿对主题经验的整合。主题的相关实践活动将为幼儿提供丰富的学习经验和积极的探索体验。

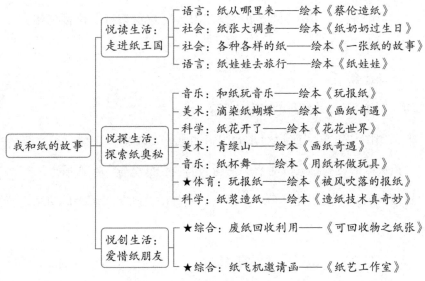

图5-2-1 "我和纸的故事"主题脉络图（注：★表示生成性活动）

二、课程展翼

（一）悦读绘本与初绘生活

语言活动：纸从哪里来

1.活动目标

了解蔡伦造纸的故事，知道"造纸术"是中国古代四大发明之一；感知造纸的步骤，能用自己的语言表达出纸的由来；感受造纸术带来的重要影响，为身为中国人而感到骄傲和自豪。

2.活动准备

"纸"组图、《蔡伦造纸》的绘本PPT、《蔡伦造纸》科普视频、"造纸过程"图片、纸浆。

3.活动过程

（1）了解蔡伦，激发探究纸的兴趣。

出示组图"纸"，鼓励幼儿大胆猜测纸张出现前的记录材料，导入主题："很久以前没有纸张的时候，猜猜人们会在哪里写字、画画？"

播放科普视频及组图《蔡伦造纸》，引导幼儿初步了解纸的由来，萌发对蔡伦的敬佩之情。

（2）了解造纸，激发探究纸的兴致。

播放科普视频第一段，讲解绘本PPT"蔡伦造纸–1"，引导幼儿了解造纸的原因。

探究1：没有纸的时候，中国古人会在哪里写字、画画？（龟甲骨、兽骨头、青铜器上。）

刻在龟甲和兽骨上：3000多年前的商代，人们使用刀笔，把文字刻画在龟甲或兽骨上来记录事情。

铸在青铜器上：商周时代，人们将需要保存的文字记录铸在青铜器上。

探究2：后来中国人又把字写在了哪里？

写在竹简上：春秋末期，人们使用竹片或木片（统称为竹简）来写字，十分方便。只是连在一起的竹简十分笨重。

竹简上写错字了怎么办：古人会用特别锐利的书刀，把错的字从竹片上削掉，然后重新书写。那时的读书人常常随身带着书刀和笔，以便随时修改。用青铜打造的书刀都带有圆环，以便随身携带。

写在绢帛上：绢帛是一种布。西汉时，王公贵族使用绢帛来写字。绢帛价格昂贵，只能供少数王公贵族使用。

探究3：竹简和绢帛使用起来有什么缺点？蔡伦为什么还要造纸呢？他想要造出什么样的纸？

师幼小结：很久以前没有纸的时候，古人在龟甲骨、兽骨头和青铜器上写字、画画；后来又使用竹简和绢帛，但竹简太重、绢帛太贵，使用起来都很不方便，于是蔡伦决心造出又轻又便宜的纸。

（3）了解造纸，激发探究纸的乐趣。

播放科普视频第二段，讲解绘本PPT"蔡伦造纸-2"，引导幼儿了解造纸的基本过程。

师："蔡伦发现了哪些造纸的材料？找到材料后，他请工匠们先做了什么？接着又做了什么呢？做好纸浆后，是怎么把它变成纸张的？"

幼儿分组进行讨论。

师幼小结:蔡伦用树皮、旧渔网、破麻布等废旧材料制造纸张。首先要把材料切碎、清洗干净后浸泡一段时间;然后蒸煮、捣烂,制成纸浆;接着用筛子捞出纸浆、铺平,晒干后就变成了纸张。

(4)了解造纸,激发幼儿探究纸的欲望。

出示绘本PPT"蔡伦造纸-3",引导幼儿感受蔡伦造纸的伟大,萌发对蔡伦的敬佩之情。

师:"蔡伦造的纸有什么优点?给人们的生活带来了什么变化?"

师:"为了纪念他的伟大,人们又把这种纸叫做什么?"

师幼小结:蔡伦造的纸轻便、便宜又好用,让人们读书、写字变得更加方便。为了纪念他,人们又把这种纸叫做"蔡侯纸"。

(5)活动延伸:请家长引导幼儿继续了解我国古代的四大发明(指南针、造纸术、火药、印刷术),进一步激发幼儿对中国古代四大发明的自豪与骄傲的情感;请家长与幼儿共同发现、了解纸在生活中的不同用途,感受纸的重要性,进一步体会蔡伦造纸的伟大。

4.活动反思

以上活动的目标定位合理,通过活动,幼儿知道了纸的由来和制造过程,幼儿能够简单地描述纸的制造流程,表达出对节约用纸的重要性的理解。

这样的主题课程是幼儿日常生活的一部分,值得进一步延伸相应的活动,如开展更多关于环境保护和资源利用的活动,让幼儿通过观察大自然中的造纸材料来源、参观纸张制造厂等,在实践中深化对环境保护的认识。

社会活动：纸张大调查

1. 活动目标

了解纸的种类、用途；能积极参与收集和讨论活动，并学会记录；乐意与同伴分享调查所获。

2. 活动准备

物质准备："纸张大调查"调查表。

经验准备：已初步阅读《纸奶奶过生日》绘本，知道纸有很多种类。

3. 活动过程

（1）依托调查表进行纸张大调查。

幼儿与家长在生活中寻找、收集不同种类的纸。

幼儿将收集的纸剪下一小块，贴在表格上。

幼儿用图画或者简单文字把自己收集来的纸的名称、特性、用途画下来或写下来。

（2）依托调查表，分享纸张调查的结果。

师："小朋友们带来了许多纸制品，请看一看，有哪些是你认识的。这些纸制品有哪些不一样？请小朋友去看一看，摸一摸，玩一玩，感觉一下它们到底有什么不同？请你介绍给旁边的小伙伴听。"

师："你认识哪种纸制品？曾经在什么地方看见过？它有什么用处？你发现它们有什么不同？"

睿睿："我知道旧报纸，从报纸上可以学习知识。"

松松："我认识瓦楞纸，它藏在纸箱里。"

卓卓："我认识卫生纸，吃完饭后可以拿来擦嘴巴。"

思思："我知道卡纸，可以做手工，还可以剪出各种图形。"

冉冉："我认识宣纸，可以用来写书法。"

师幼小结：不同的纸有不同的特点，比如：有波浪线的是瓦楞纸、有点儿透明的是玻璃纸、亮晶晶的是蜡光纸、皱巴巴的是皱纹纸等等。

（3）活动延伸：将幼儿收集回来的纸投放到相关区域中，制作成触摸墙：运用多种感官，感知纸制品的质地。

4. 活动反思

这一活动充分利用家长资源，请爸爸妈妈们带着孩子一起行动，寻找生活中的纸，并做好记录，使得幼儿能够通过纸的调查活动，增强对纸的探索欲望，并通过自己的查找，感知纸有很多种类和不同用途，此外，还了解了纸易皱、易撕、怕水、怕火等多种特性。

语言活动：纸奶奶过生日

1. 活动目标

了解故事中音乐纸、变色纸、吸附纸、防皱纸、贴身纸的特殊功能，积累"恭恭敬敬""慢条斯理""青出于蓝而胜于蓝"等词句；能用较完整的语言学说故事中的对话，并讲述自己对各种纸的特点的理解与想法；能大胆地想象未来的新型纸，萌发初步的创新意识。

2. 活动准备

《生日歌》，PPT课件。

3. 活动过程

（1）了解新型纸。

听《生日歌》入场，引导幼儿猜测会有哪些纸宝宝来给纸奶奶过生日。

引导幼儿回忆已有生活经验，自由讲述生活中见过的纸及其用途。

① 播放PPT课件，教师完整讲述故事，引导幼儿初步理解故事情节。

师："故事中有哪些纸宝宝来给纸奶奶过生日了？它们都有什么本领？

② 分段讲述故事，了解五种新型纸的特殊功能，并大胆讲述自己的理解和想法。

师："第一个赶来的会是谁？它有什么本领？"

师："如果你有一张音乐纸，你想在什么时候用？用它干什么？"（补充词汇"恭恭敬敬"。）

师："变色纸能干什么？你想让变色纸变什么颜色？"

师："防皱纸有什么好处？吸附纸是用来干什么的？"

师："多功能贴身纸是怎样介绍自己的？它有什么特殊功能？"（补充词汇"慢条斯理"。）"纸奶奶是怎样表扬纸宝宝的？"（补充谚语"青出于蓝而胜于蓝"。）

（2）创想新型纸。

延伸活动：鼓励幼儿大胆想象，讲述自己对未来的新型纸的理解与想法，萌发初步的创新意识。

师："你最喜欢什么纸？为什么？你还想发明什么纸？你发明的纸有什么特殊的本领？"

小结：人们将来肯定会发明出很多有特殊本领的纸，让我们的生活越来越方便。

4. 活动反思

通过学习《纸奶奶过生日》的故事，幼儿认识了多种有特殊功能的纸，同时也感知与了解到了纸的发展变化，体会到科学的发展与社会的进步。

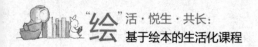
（二）悦探绘本与深绘生活

音乐活动：和纸玩音乐

1. 活动目标

感知音乐的强弱，以纸为媒介进行表现；在熟悉音乐结构和乐曲主要特点的基础上，表现音乐的强与弱；体验纸的多样性和游戏带来的快乐。

2. 活动准备

《clap clap sound》乐曲，A4纸若干，图谱。

3. 活动过程

（1）回忆绘本情节，激发幼儿兴趣。

师："在《玩报纸》的故事中，小女孩被什么声音吸引？"（原来是被"嘶啦嘶啦"撕报纸的声音所吸引，她利用废旧的报纸与小伙伴做游戏。）

师："看！老师手里拿的是什么？别小看它，我的纸也可以发出美妙的声音，并且能跟着音乐跳舞哦！我们一起来听一听。"

师："谁来说说看，音乐中纸从头到尾跳的舞一样吗？哪里不一样？"

松松："不是一样的，刚开始跳的时候是一张平整的纸，跳完之后就是皱巴巴的纸了。"

泽泽："不一样。后面那段与前面的不一样，后面是双手拿着纸扯出声音，前面是拍出来的声音。"

玮玮："有时候是双手拍纸，有时候是用双手做'合拢—打开—合拢'的动作。"

（2）出示图谱，教师讲解，帮助幼儿理解音乐节奏。

师："'……'代表强音，做双手拍纸的动作；'→'代表弱音，这时候向前走，并用双手做'合拢—打开—合拢'的扯纸动作；'←'代表弱音，这时候向后走，并用双手做'合拢—打开—合拢'的扯纸动作。"（听上去很有力的部分是音乐的强拍，听上去很轻柔的部分是音乐的弱拍。）

用纸进行第一次游戏：教师给每位幼儿分发一张纸，鼓励幼儿尝试根据图谱做动作；教师引导幼儿集体识图谱做动作，并请配课老师对幼儿进行个别指导。

播放音乐，用纸进行第二次游戏，感知音乐节奏。

教师根据图谱引导幼儿辨识音乐；尝试多次游戏，熟悉音乐节奏；幼儿掌握音乐强弱的节奏，理解舞蹈动作之后，听音乐自主进行游戏，教师加入幼儿游戏。

（3）和纸玩音乐。

引导幼儿在已有经验的基础上进行动作创编。

师："除了刚刚的动作，我们听上去感觉很有力的这部分音乐你想用纸来完成什么不一样的动作？"

晞晞："我想到一个动作，就是一只手拿着纸，另一只手用手指头弹指。"

济济："我觉得有节奏地搓纸也能发出很好听的声音。"

松松："我的方法是一只手拿着纸用力甩、不停地甩，就会发出声音。"

皓皓："我把纸放在地板上，双手放在纸上，向中间挤纸，纸在地板上搓来搓去，就会发出声音。"

鑫鑫："把纸拿起来，用它去碰撞膝盖，也和这个音乐很合适。"

可可："把纸放在地板上，用手去拍纸，还可以拍两下地板，再拍两下纸。"

教师播放音乐，鼓励幼儿一起来做一做，各自做各自想做的动作。

教师引导幼儿边听音乐边看图谱，区分音乐的强弱，创编动作。

反复游戏数次之后结束。

（4）活动延伸：把这首乐曲放到音乐区，幼儿在自主区域活动时根据音乐创编动作。也可以指导幼儿分角色游戏，引导幼儿制定游戏规则，如有力的部分由男孩子来演，轻柔的部分由女孩子来演。

4. 活动反思

从这一奥尔夫音乐活动来看，教师的引导语恰当，对幼儿的情绪调动很到位。整个活动设置了形象的图谱，对于幼儿的记忆和表现很有帮助。

美术活动：滴染纸蝴蝶

1. 活动目标

了解蝴蝶的形体特征，感知蝴蝶翅膀的对称美；能用捏、夹、滴染的方法制作对称的滴染纸蝴蝶；欣赏蝴蝶的色彩美和图案美，体验滴染玩色活动带来的乐趣。

2. 活动准备

《画纸奇遇》绘本PPT，夹子、厨房纸巾、擦手纸、托盘、小杯子、各色的水、滴管、蝴蝶图片。

3. 活动过程

（1）由绘本《画纸奇遇》导入，激发幼儿想象与兴趣。

①欣赏绘本，讲述《画纸奇遇》绘本。

②教师与幼儿总结：小男孩跟随着画笔，走进非洲大地，邂逅了友好的大象、成群的斑马、奔驰的长颈鹿、威猛的狮子、淘气的狒狒、暴躁的犀牛。

③教师提问："小朋友们想一想，除了这些大型的动物，小男孩接下

来还会遇到什么不一样的小动物呢？"

（2）教师出示各种各样的蝴蝶图片，引导幼儿观察并欣赏蝴蝶的色彩美、图案美与对称美。

（3）滴染蝴蝶。

① 教师介绍材料，示范用夹子夹出蝴蝶形状并进行对称滴染。

② 幼儿自由创作滴染蝴蝶，教师巡回指导。

（4）幼儿展示自己的滴染蝴蝶。

说一说自己用了什么颜色，染出了什么样的蝴蝶。

阳阳："我用了红色和蓝色，染出了美丽的蝴蝶。两个翅膀都有红色蓝色，还有一点儿紫色。"

清清："我用了黄色和粉色，我的蝴蝶上面是粉色，下面是绿色的，是一只漂亮的公主蝴蝶。"

（5）小结。

师："今天小朋友们都学会了滴染，而且染出了各种各样、大大小小、色彩缤纷的'蝴蝶'。我们一起把'蝴蝶'晾干，然后用蝴蝶装饰我们的教室。"

4. 活动延伸

将滴染蝴蝶材料投放到美工区。

5. 活动反思

幼儿对美丽的蝴蝶很感兴趣，能仔细观察、踊跃表达。在创作滴染时，氛围热烈，大部分幼儿都能有意识地进行对称滴染，虽然有个别孩子动手能力比较弱，但是他们都认真投入，每个孩子都在活动中获得了积极体验，获得了美的感受、操作的快乐。

科学活动：纸花儿开了

1. 活动目标

感知不同纸质的花在水里开花的不同现象和纸张的吸水性有关；通过猜测、尝试、分析、表达的方法，发现纸花在水里开花的原因；积极投入探究活动，对纸花在水里开花的现象产生浓厚的兴趣。

2. 活动准备

视频，普通白纸、卡纸、报纸、卫生纸、锡纸做成的小花，自己用水彩笔画的花；每桌备有大水盆。

3. 活动过程

（1）视频导入，设置悬念。

师："今天老师带来了一段视频，我们一起来看一看吧。你们看到了什么？"

感知不同纸花在水里开花的现象。

师："这是一张普通的白纸，用它做成一朵花，放到水里，花瓣会开放吗？"

教师演示纸花开花过程，幼儿观察。请个别幼儿尝试操作。幼儿自行探索，尝试将不同纸质的花放在水里，观察是否开花。

师："除了白纸，小朋友们还知道哪些不同的纸呢？"（引导幼儿观察桌上的材料。）

林林："有玻璃纸。"

皓皓："有烧烤纸。"

鑫鑫："烧烤纸就是锡纸。我妈妈用烤箱烤排骨时，就会用锡纸把排骨裹住。我还知道一种用蚕丝做的纸，叫蚕丝纸。"

卓卓："有落水纸。"

冉冉："有卡纸，我们经常用卡纸画画，卡纸有很多不同的颜色。"

羽羽："还有油纸。"

教师随幼儿讲述，出示不同的纸，并把各种纸贴到记录表上。幼儿猜测不同纸质的花在水中能否开花。

（2）尝试操作，探究纸花。

教师提出操作要求，幼儿第一次操作。

师幼讨论："你发现哪些花开了？哪些没有开？为什么？"

卓卓："我觉得纸巾花不能开，因为它一碰到水就会湿掉，它很薄，沾水就容易破。"

祥祥："我觉得卡纸做的花可以开，因为它不会那么快湿，就不会沉下去。"

冉冉："锡纸花不可以开，可能会沉下去，因为它太轻了。"

晞晞："重的纸才会沉下去。"

冉冉："不是的，因为它很薄，湿水后就会破洞，破洞了就会沉下去。"

师幼一起完成记录表，并小结：有的纸花在水里能开，有的不能开，这和纸能不能吸水有关，吸水太快了会烂掉，进而沉到水底，不吸水就开不了。

师幼讨论："为什么自己画的花，没有开花，反而还沉到水底了呢？"

师幼小结：自己画的花，因为刚刚用水彩笔涂了颜色，纸上面还是湿湿的，所以它再吸水就会变重，不仅不能开花，还会直接沉到水底。

感知纸花开得快慢和纸的吸水快慢有关。（吸水性强弱：卫生纸＞报纸

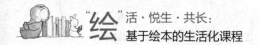
>普通白纸>卡纸。锡纸不吸水。）

（3）深入实验，探究纸花。

师："这些纸花是同时开放的吗？"

教师提出操作要求，幼儿第二次操作，把不同材质的能开的纸花放到水里，教师在一旁观察指导。

师幼交流：哪种纸花开得最快？哪种纸花开得最慢？为什么？

师幼小结：不同纸的吸水快慢是不一样的。吸水快，开得就快，吸水慢，开得也慢。

（4）活动延伸：

师："我们的花开得真漂亮呀！生活中还有一些纸，比如牛皮纸、玻璃纸等等，小朋友可以仔细找一找还有哪些纸，和爸爸妈妈一起做一做，看一看它们做的小花能不能开，好吗？"

4. 活动反思

活动过程中，师幼一起探索、学习，幼儿积极主动地投入活动中。从活动过程看，幼儿对材料的选择也很有方向性，能够在实验操作过程中积极讨论，先是做出猜测，接着通过实验验证结果。在整个实验过程中，幼儿自主探索，懂得了纸花开得快慢和纸的吸水快慢有关。

科学活动：纸浆造纸

1. 活动目标

知道造纸的基本步骤；尝试利用废旧报纸等材料与同伴合作造纸；体验造纸的乐趣。

2. 活动准备

纱网工具、托盘、固体纸浆、勺子、白胶、塑料盆盛好三分之一的水、抹布。

3. 活动过程

（1）绘本导入，激发探究兴趣。

师："《造纸术真奇妙》里面的傅学先生带着哼哼哈哈前往造纸坊。造纸坊里的师傅们真是太厉害了，用树皮、旧渔网、破麻布等废旧材料造出了纸。今天傅学先生给我们寄来了一些造纸师傅煮好的纸浆，我们来试一试怎么把纸浆做成纸。"

（2）出示图片"造纸过程"、手工材料，鼓励幼儿思考造纸的方法。

教师给幼儿准备了纸浆、水、勺子、纱网工具等材料。

师："你们还记得《造纸术真奇妙》里面的造纸师傅是怎么运用蔡伦的方法造纸的吗？我们可以怎样用纸浆造出一张纸呢？"

（3）播放视频，出示组图"造纸术真奇妙"，引导幼儿了解造纸的方法。

师："小朋友，我们一起来看一看，一张纸的诞生需要经历怎样的过程吧！"

将一包纸浆放在塑料盆中。

打浆：向塑料盆中加入适量的水，将纸浆全部溶于水。

倒胶搅拌：在纸浆中加入白胶，搅拌均匀，让纸浆变得更加黏稠。

抄纸：用勺子将纸浆均匀地铺在纱网工具上，用手将不均匀的地方铺平。

晾晒：放在室外晒干。

揭纸：晒干后，小心地撕下纸张。这样一张纸就做好了。

（4）将幼儿分为若干组并发放操作材料，幼儿进行探索。

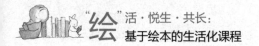
（5）幼儿合作造纸，教师巡回指导。

操作要求：各小组成员共同制作纸浆；纸浆做好后，将纱网工具放在托盘上，用勺子将纸浆均匀地铺在纱网工具上；在自己的纱网工具上做好记号后，再拿到室外晒干。

幼儿操作，共同造纸。（提醒幼儿纸浆越细小越好；操作过程中可以根据纸浆的浓稠度加水；如果托盘中沥下的水会碰到纸浆，需先把水倒掉，再继续操作。）

（6）活动延伸：在科学区投放报纸、卫生纸、脸盆、纱网工具、颜料、装饰品等材料，鼓励幼儿尝试用不同的原料造纸并进行创意造纸；在美工区，鼓励幼儿用制作好的纸张绘画，进一步体验造纸的快乐。

4. 活动反思

幼儿对造纸表现出了浓厚的兴趣，通过阅读绘本和观看视频，他们对纸的制造有了一定的了解，这些前期经验激发了他们亲身体验、实际操作的愿望。在尝试造纸的过程中，幼儿发现造出来的纸有的很厚，表面是凹凸不平的，有很多纸浆颗粒；有的很薄，甚至纸上还出现了破洞；有的纸无法从造纸框上完整地揭下来，边缘是破损不整齐的。"怎样造一张光滑平整的纸"成为他们下一步探究的问题。

（三）悦创绘本与延绘生活

综合活动：废纸回收利用

幼儿跟着音乐和纸一起玩游戏之后都有一张废纸，一共35张。他们提出："这些纸扔掉好浪费呀！"于是，大家集思广益，想各种办法来解决这个问题。

1. 活动目标

懂得废弃的纸是可以回收再利用的；尝试用废旧纸张造纸，通过反复实验造出平整的纸张，实现废纸的再利用；具有节约用纸、保护环境的环保意识。

2. 活动准备

物质准备：收集废旧纸、造纸的相关材料和工具。

经验准备：已经有了用纸浆造纸的基本经验。

3. 活动过程

（1）谈话导入，分享办法。

师："我们和纸玩游戏之后，每个人都有一张纸，怎么办呢？"

幼："这些纸扔掉好浪费呀，我们可以用它们来干什么呢？"

分享环节，请幼儿说出自己的解决办法。

松松："没有破的纸可以用来折纸。你们看！我折了一架纸飞机。"

美美："我的纸还很平整，我可以拿来画画。"

冉冉："绘本《可回收物之纸张》里面的小男孩把纸丢到可回收垃圾桶，我们也可以这样做。"

玮玮："可以揉成一个纸团，来丢沙包玩。"

卓卓："我们可以把废纸送到做纸工厂，加工之后把它们重新变成一张好纸。"

羽羽："我们可以把美工区的所有废纸都提供给工厂。"

祺祺："可是造纸工厂在哪里呀？我们要怎么才能把这些废纸给他们呢？"

悦悦："可以把它们扔到垃圾车里运过去。"

桐桐："我们可以自己造纸吗？"

（2）实际操作，幼儿动手制造再生纸。

幼儿一起回顾纸的制造过程。

第一次尝试用废旧纸制造再生纸：把纸全部撕成小块，然后浸泡在水里，让它们粘在一起。

遇到的问题：为什么纸晾干之后会变成一小块一小块的？怎么不是一张平整的纸呢？

可可："因为我们抄纸的时候没有抄均匀，没有把碎纸浆抄到一起去。"

睿睿："因为水里面没有放胶水，所以不能粘在一起。"

皓皓："因为搅拌的时候没有搅拌均匀。"

泽泽："因为这些纸太大块了，应该把它们撕得很碎，像纸浆那样。"

（3）想办法，解决问题。

玮玮："造纸的时候需要两个人一起合作，还要造纸框、树皮、胶水。"

晗晗："需要用搅拌器搅拌。"

卓卓："抄纸的时候要小心翼翼，不能太快，不然会漏，就失败了。"

彬彬："造纸前要准备好造纸的工具。"

第二次试验：幼儿根据造纸的步骤造纸，教师指导；把抄好的纸放到干燥、平整的地方晾干。

（4）分享造纸经验，体验废纸利用的好处。

4. 活动反思

这一活动是根据一次课后讨论生成的，也就是从幼儿的兴趣点入手的。

活动中，教师给孩子提供了丰富的可操作的材料，促使他们运用多种感官积极探索，动手操作。幼儿在反复试验的过程中不断调整方案，总结方法，最后成功造出了平整的纸。这样的活动不仅提升了幼儿的思考能力，还增强了他们的合作能力。

三、课程思益

（一）阅读经验的发展

第一阶段，幼儿园和家庭为幼儿提供丰富多样的阅读材料，通过师生共读和亲子阅读《蔡伦造纸》等绘本，幼儿理解了造纸术的重要影响，对纸制品萌发出探究兴趣。

第二阶段，为了丰富绘本资源，进一步补充了一些与"纸"相关的绘本。辅助绘本拓展了幼儿的知识面，让他们了解到更多与纸相关的信息，在交流时也变得更加自信，能够大方地与老师和同伴分享他们的阅读体验。在阅读的过程中，幼儿还提出"为什么要用筛棒持续不断地搅拌""为什么要在造纸的过程中加入胶水"等问题。他们不再被动地接受绘本知识，而是有了自己的理解和独立的思考。

第三阶段，幼儿通过阅读绘本，找到自己感兴趣的问题，从中学习、探索和创造。通过多元阅读，幼儿了解到纸张的多样性以及纸制品的丰富性。这些不仅激发了幼儿的创造力和想象力，还提高了他们的艺术鉴赏能力。幼儿在实践探索的过程中，也开始形成了自我认知，触发了制作绘本的灵感。他们用自己独特的方式制作了一本与纸相关的绘本，记录下他们与纸之间的故事。

（二）生活经验的发展

"我和纸的故事"这一主题课程，展现了幼儿的好奇心和渴望探索世界的天性。他们敢于提出问题，勇于尝试和观察周围的一切。他们从"纸是从哪里来的"这个常见的问题出发，在游戏的过程中发现了纸的丰富多样性，进而引发了许多有科学探究意味的问题，开启了小小科学家的探索之旅。

在主题开展过程中，教师适时提供支持，根据幼儿的年龄特点及身心发展规律，以幼儿感兴趣的方式，从幼儿的表现、小组讨论、图像表征中，捕捉到有价值的信息并进行整合，拓展探究空间，运用直接感知、实践操作、亲身体验等多种方法解决具有一定挑战性的问题，帮助幼儿丰富关键经验。围绕"制造各种各样材质的纸"，幼儿展开了深入的探究，从科学领域延伸至社会领域，既认识了各种纸制品，又锻炼了动手能力，还增强了保护环境资源的意识，在丰富多彩的主题活动中获得发展。

第三节 大班悦绘课程："筑"在羊城

一、课程立意

（一）生活经验与主题确立

1. 幼儿生活经验分析

暑假期间，幼儿与父母一同游历了全国诸多胜地。返园后，在"小主播"活动中，他们分享了假期的精彩见闻。他们结合当地地标建筑照片，绘声绘色地讲述着雄伟壮丽的北京故宫、精致幽静的苏州园林以及造型迥异的岭南建筑。

当说到广州塔的时候，他们开始讨论："广州塔的小名叫'小蛮腰'。因为它两头宽，中间细。""它的外面是一条一条的线条，跟我们平时的房子很不一样，但是里面有酒店，可以乘坐电梯上去。"

大家还对广州的镬耳屋深感兴趣："为什么墙体要高耸起来，像家里铁锅的两个锅耳一样呢？"除广州塔、镬耳屋外，广州还有哪些特色建筑呢？这些建筑又有哪些特点呢？幼儿开始对羊城建筑产生兴趣，讨论它们的功能和外部特征。

建筑与幼儿的生活息息相关、紧密联系。广州是有2000多年历史的古城，处于岭南文化的中心。随着时代的发展，广州塔、广州圆大厦等具有现代感的建筑与沙湾古镇、陈家祠、余荫山房等展现岭南特色的古建筑在城市中完美融合。幼儿生活在一个文化兼容的城市，各类建筑随处可见，对建筑并不陌生。但是，他们仅凭粗浅的经验把现代建筑称为"新房子"，把岭南风格的建筑称为"老房子"，这反映了幼儿对建筑文化缺乏深入的了解和感知。

幼儿在日常建构区活动中积累了一定的搭建经验，能用低结构的乐高、雪花片、树枝和轻黏土等搭建各种造型的房子，有基础的建构技巧。在这些已有经验的基础上，如果能让幼儿深入了解房屋的结构、建筑材料的特质和建筑文化，将有利于他们更深入地了解城市的建筑，同时增进他们对岭南文化的了解和认同。

2. 课程主题的确立

幼儿与老师一起翻阅了绘本《嗨，广州》，绘本里互动性极强的广州塔图片和对外部、内部特征的描述，激起了幼儿进一步探究的愿望。《3—6岁儿童学习与发展指南》指出，要引导幼儿"在良好的社会环境及文化的熏陶中学会遵守规则，形成基本的认同感和归属感"。基于此，我们结合幼儿的兴趣点，创生了主题课程"'筑'在羊城"。

这一主题课程意在结合幼儿的已有经验，深层次挖掘具有特色的岭南建筑，充分利用身边的社区资源，让幼儿走进广州岭南特色建筑群，了解广州深厚的文化底蕴，激发他们对本土文化的认同感和自豪感，同时鼓励幼儿尝试用不同材质的物品搭建建筑物，在建构活动中发展空间方位能力，培养发现问题、解决问题的能力。

（二）资源分析与学习路向

1. 课程资源的分析

（1）绘本资源

主题课程"'筑'在羊城"的关键性绘本《嗨，广州》，以独特的视觉和轻松活泼的画风，带着读者走进街头巷尾，把广州的特色建筑和风土人情以一种崭新的形式展示出来，让读者感受到更亲切和真实的广州。其丰富的内容既有利于帮助幼儿更好地了解自己所居住的城市，同时也有利于激发幼儿探索更多广州特色建筑的兴趣。而骑楼、广州塔等与众不同的建筑风格，则有助于打开幼儿已有的思维，鼓励他们大胆尝试创新的搭建方式，启发幼儿建筑经验的迁移运用。

主题课程"'筑'在羊城"的拓展性绘本有《中国房子》《揭秘广州塔》《乔伊想当建筑师》《一起来建桥梁吧》《人类的房子》《怪房子》等。这些绘本依托简要的文字和生动鲜活、天真质朴的画面以及脑洞大开的故事情景，介绍了建筑师的工作日常、岭南建筑的各个构件，有利于丰富幼儿的建筑经验，帮助幼儿理解建筑的基本原理，激发幼儿创作的灵感。

（2）家长资源

家长利用假期时间和孩子走进羊城的大街小巷，近距离接触羊城特色建筑。在游玩过程中，家长为孩子讲述建筑背后的故事，加深孩子对羊城建筑的印象。

家长与孩子共同摄影，拍下自己眼中的羊城，班级开展"羊城摄影展"活动。摄影展由孩子当讲解员，家长在家辅导幼儿，为讲解做好准备。讲解员在展览过程中向观众介绍羊城建筑的特色，深入感受广府文化的底蕴。

家长与孩子共同收集搭建"羊城幼儿园"的材料，了解材料的特质。

（3）社区资源

亲子探访羊城各大特色建筑，了解它们的特点。如：陈家祠是我国现存规模最大、装饰最精美的祠堂式建筑；沙湾古镇主要以明清时期的风格为主，展现了深厚的江南水乡文化特色；广州塔有着世界最长的空中漫步云梯，设有世界最高的摩天轮，被誉为广州的新地标。

2.幼儿的学习路向

（1）学习目标

阅读经验发展目标：通过阅读与主题课程相关的绘本，了解广州建筑的特点、文化背景以及与建筑相关的技能；喜欢阅读，能与同伴一起谈论故事的内容，能有序、连贯、清楚地讲述自己的看法，有理有据地说出自己的观点；能说出所阅读的绘本的主要内容，愿意用图画和符号等方式表达自己对故事的理解。

生活经验发展目标：能使用不同材料进行搭建活动，并在熟练掌握基本建构方法的基础上，依据不同的建构内容选择相应的材料，进行综合搭建；关注和发现岭南建筑的美，喜欢通过多种活动形式去表达自己对羊城建筑的感受和看法；能通过观察、比较与分析，发现并描述不同种类物体的特征；在建构活动中，感知和理解数量、空间、大小的关系；活动时，能与同伴分工合作，遇到困难能一起克服；了解羊城建筑的历史文化，热爱广州，为生活在广州感到骄傲和自豪。

（2）学习脉络

如图5-3-1所示，依据幼儿生活经验和学习发展特点，"'筑'在羊城"主题课程实践主要按照"丰富认知—实践探究—畅想创作"的发展脉络进行。在活动中，这一课程的预设性活动和生成性活动相互作用。预设性活动为幼儿的发展提供了基础，生成性活动则能够满足幼儿的即时兴趣和需要，共同促进幼儿全面发展。

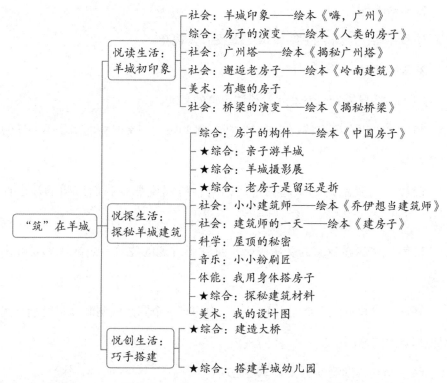

图5-3-1 "'筑'在羊城"主题脉络图（注：★表示生成性活动）

二、课程展翼

（一）悦读绘本与初绘生活

社会活动：羊城印象

1. 活动目标

知道广州又名"羊城"，认识羊城特色建筑；了解羊城特色建筑的特点，激发继续深入探究的愿望；初步感受羊城文化特点，为自己生活在广州而自豪。

2. 活动准备

绘本《嗨，广州》PPT，羊城建筑图片及视频。

3. 活动过程

（1）谈话导入，引发幼儿对羊城建筑的兴趣。

师："广州有很多特色建筑，你见过哪些跟我们平时住的房子不一样的建筑？"

晨晨："我跟妈妈一起去过广州塔，妈妈说那是我们广州的标志性建筑。"

彤彤："我在我家的新房子旁边见到了古老的建筑，妈妈说那是岭南建筑。"

洋洋："我见过一个圆形的房子，中间有一个圆形的洞洞，很特别，妈妈说那是'广州圆'！"

（2）师幼共读绘本，初识羊城建筑。

师："看来，小朋友们对广州的特色建筑都有一定的了解，除了广州塔和'广州圆'，广州还有哪些特色建筑呢？我们一起来听一听、看一看绘本《嗨，广州》。"

师："请问，你听到故事里介绍了哪些广州特色建筑？"

俊俊："中山纪念堂，里面有广州最古老的木棉树。"

稚稚："西关老屋，这里还可以品尝到双皮奶。"

菲菲："天河体育场，羊羊和他的爸爸在这里看球赛。"

嘉嘉："上下九步行街有骑楼。"

（3）深入了解羊城建筑。

师："这些建筑都跟我们平时住的房子不一样，我们一起来了解它们有哪些特点吧！"

结合图片和视频，介绍广州特色建筑的特点。

① 广州塔又叫做"小蛮腰"，是广州市的地标之一，它白天是不亮灯的，晚上亮灯之后是五颜六色的，像彩虹一样。广州塔一共112层，在顶层可以坐摩天轮，观赏广州城的美景。在广州塔周边还有沙面、猎德大桥、珠江琶醍等美景。

② 东山口的百年洋房，还有上下九步行街的骑楼，这些建筑的历史都非常悠久。广州还有很多美食，状元粥、肠粉、双皮奶、萝卜牛腩……小朋友们可以跟爸爸妈妈一起去品尝。

③ 陈家祠堂在荔湾区，是现存规模最大的广府传统建筑之一。这里的门窗、廊、石雕等都展现了岭南建筑的特色！附近的荔枝湾和永庆坊也非常有岭南风情。

④ 沙湾古镇有800多年历史，这里有大量完好的岭南传统建筑，如镬耳屋、蚝壳墙、满洲窗、三间两廊等。

师："你们知道广州的别称吗？听过五羊传说吗？"

师："广州又被称为'羊城'。因为相传在很久很久以前，广州遭遇严重旱灾，五位仙人骑着五色神羊带来谷种并赠予百姓。为了纪念这五位仙人和神羊，人们便将广州命名为'羊城'。"

师幼小结：今天我们一起认识和了解了广州的特色建筑，每一栋建筑都有它的特点，回家可以把你了解到的小知识和爸爸妈妈分享，还可以邀请爸爸妈妈带着你们一起去游玩，这样我们就能观察得更细致了。

4.活动反思

在日常谈话中，教师发现幼儿对广州特色建筑了解得不多，于是结合绘本《嗨，广州》与幼儿互动，引导幼儿了解广州的部分特色建筑。同时，教师通过视频、图片，与幼儿分享了绘本以外的广州特色建筑，拓展了幼儿的认知，让幼儿产生了邀请爸爸妈妈一起遨游这个城市的意愿。

综合活动：建筑的演变

1.活动目标

通过绘本了解人与建筑的关系，知道人类建筑的演变过程；能仔细观察绘本中各种建筑的不同结构和功能，初步对比新旧建筑的不同之处，用连贯的语言表达自己的看法；对建筑感兴趣，愿意深入了解和探索不同风格的建筑。

2.活动准备

绘本PPT。

3.活动过程

（1）联系生活，活化经验。

师："在广州，你见过什么样的房子？你最喜欢哪种房子，为什么？"（看图讨论，初步思考房屋的功能和演变过程。）

看一看，猜一猜（出示不同时期人类房子的图片）。

师："请小朋友们仔细观察这些房子的外形、结构，你觉得这种房子有什么特别功能？"

师："这些都是我们人类曾经居住或者现在正在居住的房子。请你猜一猜，哪一种房子是最久远的？如果帮这些房子按演变的过程排序，你会怎么排序？"

（2）讲述绘本，深化房子认知。

教师结合PPT图片讲述绘本，引导幼儿了解房屋的结构和功能之间的关系。

师："请问黑猩猩住在什么房子里面，这种房子有什么功能？黑猩猩进化成人类之后，设计了什么样的房子，它的外形是怎样的？"

师："土屋的外形结构是怎样的？跟之前的房子有什么不一样？"

师："渔民的房子是怎样的？牧民的蒙古包有什么特点，有什么特殊功能？少数民族的吊脚楼、竹楼有什么特殊功能？"

师："大西北的窑洞在夏天的时候感觉如何，为什么？现代的房子都有哪些功能？"

（3）探讨变化，画出所见房子。

师幼讨论，探讨新旧建筑的变化。

师："古时候的房子和现代的房子，你觉得在哪些方面有很大的变化和进步？羊城的新建筑和旧建筑你觉得有什么不一样？"

晨晨："我觉得旧建筑比较矮，新建筑很高很高。"

川川："旧建筑很多都是灰色或者白色，新建筑有很多色彩。"

程程："旧建筑有些是用竹子、木头盖的，而新建筑大部分是砖头、水泥盖的，看起来新建筑要更坚固一些。"

师幼小结：从人类起源的树洞、山洞发展到树屋、船屋、城堡，每一种房子在结构和功能上的改变都体现了人类的智慧和文明的进步。小朋友们回家后可以观察一下周边的房子，想一想有什么不一样。

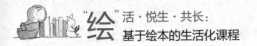
（4）活动延伸：

请幼儿收集房子的图片或画出自己见过的房子。

4. 活动反思

在生活中，幼儿经常见到各种各样的建筑，也能够说出自己对建筑的印象，但是对建筑的历史、结构和功能却没有深入的了解。这一活动以绘本《人类的房子》为媒介，让幼儿了解了人类建筑从原始时代到现代的演变及其背后的原因，从而使幼儿对建筑文化产生了浓厚的兴趣。

（二）悦探绘本与深绘生活

社会活动：羊城摄影展

师幼讨论最感兴趣的羊城建筑时，翊翊说："我想去广州塔，因为我想坐电梯到最高楼去看一看广州的风景，我还想坐全世界最高的摩天轮。"洋洋说："我想去东山口看小洋房，还想品尝美味的小吃。"当老师提出"你们想跟谁一起去"的时候，元元说："我打算跟爸爸妈妈一起去永庆坊，她们以前去过，对永庆坊比较熟悉，可以跟我介绍里面的建筑和好玩的东西。"很多幼儿都表示，可以跟爸爸妈妈一起开车去，还有的表示想要约上好朋友同游。于是，大家利用周末时间和爸爸妈妈一起游羊城，了解羊城建筑的特点，并拍下照片回班分享。

1. 活动目标

实地探访羊城特色建筑，近距离观察羊城建筑的外观和结构；分工合作举办羊城摄影展活动；喜欢羊城的建筑，能大胆自信地与他人分享羊城建筑的特点。

2. 活动准备

亲子游羊城、亲子拍摄羊城建筑照片，制作摄影展展板。

3. 活动过程

（1）羊城小主播，分享羊城见闻。

师："周末，小朋友们和爸爸妈妈一起游羊城，欣赏了羊城特色建筑，了解了这些建筑背后的故事。看到你们的照片，大家去的地方都不一样，接下来我们分四个小组，每组轮流分享你们的所见所闻！"

辰辰："我跟妈妈去了东山口。你们看，这是东山小洋房，有红砖绿瓦，有柚门木窗，还有小花园，很舒服很漂亮，跟我们住的房子不一样。妈妈说这里以前住的是从国外回来的华侨。"

芊芊："我去了广州塔，站在广州塔下面，感觉它很高很高，看不到塔顶。它是由一根一根的柱子支撑着外部，晚上会亮灯，而且还是渐变色哦！我坐电梯上最高楼的时候感觉有点儿耳鸣，太高了，妈妈说那是气压变化导致的。"

奕奕："我和爸爸妈妈还有姐姐去了永庆坊，那里很大，我们逛了很久，我看到了很多岭南建筑风格的房子，它们有灰色的砖墙、黑色的瓦片、屋顶是雕花的！大部分房子的一楼都用来做商铺了，卖的是一些广州特色的食物和小玩具。你们看，这是我在吃钵仔糕，这有公鸡榄。大家下次也可以一起去玩哦！"

（2）商议展览，展示美照。

幼儿提出举办"羊城摄影展"的建议。

元元："老师，今天我听小朋友介绍了很多我没有去过的景点，有照片，有小朋友的介绍，我觉得就像自己也去了那个地方一样。我们可以把这些照片和我们游玩过程中了解到的知识分享给幼儿园的其他小朋友吗？"

娴娴："对啊，我想其他小朋友听了，肯定会觉得羊城建筑很棒，他们也很想去看看的。"

师："这个想法很好哦！那我们一起举办一个'羊城摄影展'吧！"

（3）筹办"羊城摄影展"，讨论布展的前期准备。

师："如果我们举办'羊城摄影展'，需要做些什么准备？"

萱萱："我们有很多漂亮的照片，但是要把它们按不同的建筑特色分类，然后粘贴在硬一点儿的展板上。"

凤凤："我们可以在幼儿园找一找有没有漂亮的物品装饰我们的展览区，吸引更多的观众。"

洛洛："我对沙湾古镇比较熟悉，我可以当小小讲解员！"

芊芊："那我介绍广州塔吧！"

源源："我们想邀请老师和小朋友来看展，要设计门票。"

师："你们的想法很不错，我们分工合作吧！"

（4）分工布展：幼儿自由选择工作，与同伴合作完成展板制作、展会标题设计、场地布置装饰、门票设计，讲解员准备讲解稿并练习讲解。

派送门票：把门票送给老师和小朋友，邀请大家观展。

（5）正式展出，分享羊城建筑的美。

"羊城摄影展"正式在幼儿园正门展出，讲解员向观众介绍羊城建筑的故事。

4.活动反思

幼儿带着通过绘本获得的对羊城建筑的粗浅了解，和爸爸妈妈到各大景点探访，近距离地观察和感受羊城建筑的魅力。回到班上，他们滔滔不绝地讲述着自己眼中的羊城建筑，进而生发了举办"羊城摄影展"的愿望。在"羊城摄影展"的筹备活动中，幼儿能按照自己的特长进行分工合作。在展出当天，讲解员自信大胆地向观众介绍，得到了观众的一致称赞。通过综合的实践，幼儿对羊城建筑有了更深入的认识，同时语言表达能力、合作能力也得到了发展。

综合活动：广州老房是留还是拆

在了解了广州的建筑物之后，大家发现，原来广州有很大一部分旧建筑。有些幼儿提出："为什么要留这么多旧建筑呢？全部盖新的不好吗？"也有很多幼儿对此持有不同的意见。于是我们开展了一场辩论赛。

1. 活动目标

了解老建筑的历史，感受老建筑的魅力；初步了解辩论赛的规则，能大胆地表达对老建筑该拆还是留的想法；积极参与辩论赛活动，在他人表述的时候能认真倾听，感受辩论的乐趣。

2. 活动准备

物质准备：PPT，正方反方的水牌。

经验准备：观看辩论赛视频，了解辩论赛的过程，亲子收集论题相关材料。

3. 活动过程

（1）正反辩论："广州的旧建筑该留还是拆？"

正方观点：广州的旧建筑物应该留下。

元元："我的观点是广州的旧建筑物应该留下来，因为连编钟这么久远的东西都留下来了，我们广州的旧建筑物也应该留下来，不然后人怎么知道

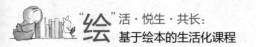

我们的祖先那么厉害？"

文文："我也觉得旧建筑物要保留下来，因为我们萝岗的玉岩书院也一直保留着，每次周末都有很多游客去游玩、观赏和拍照，大家对旧建筑还是很感兴趣的。"

启启："我觉得旧建筑保留下来会让广州更漂亮！北京的故宫也是旧建筑，可是现在依然保存得很好，妈妈带我去旅游的时候还去故宫游玩了呢！我们广州也要留下一些很有特色的旧建筑。"

反方观点：广州的旧建筑物应该拆掉。

彦彦："我觉得旧建筑物应该拆掉，因为太旧了，万一倒塌就很危险了。"

潼潼："我也认为旧建筑应该被拆掉，不拆掉旧的建筑物，我们就建不了新的建筑物，住不了更多的人，那样就会有很多人没有家了。"

（2）自由辩论："广州旧建筑是留还是拆？"

元元："我不认同反方观点，旧建筑物有许多历史在里面，拆掉了大家就不知道以前的历史了，如果有安全隐患，我们可以找建筑师维修。"

彦彦："我不同意正方观点，我觉得想要了解历史或者认识旧建筑，那也可以去图书馆看书或者看纪录片。"

洛洛："我认同我方元元的发言，虽然可以通过书本或者照片认识旧建筑，但是跟我们去看到真实建筑的感受是不一样的！照片只能看，但是真实保留的建筑我们可以走进去，可以看一看、摸一摸，这样我们了解得更细致。"

翊翊："我是反方的队员，我也认为旧建筑有安全问题，而且新建筑住起来更舒服。"

（3）总结发言："广州旧建筑是留还是拆？"

元元："我们正方的观点就是广州的旧建筑物要留下来，那是我们羊城的历史。"

彦彦："我们反方的观点是广州的旧建筑物要拆掉，旧的房屋存在一定的安全风险，而且旧建筑住的人不多，建造更多新建筑可以让更多人有房子住，所以我觉得旧建筑就是要拆掉。"

师："今天，正反方的小朋友都表现得很好！能够清晰地表达自己的观点，而且有理有据，相信你们在家肯定和爸爸妈妈一起认真地讨论和查阅了相关资料。"

（4）投票表决："广州旧建筑是留还是拆？"

师："听了正反双方辩手的发言，你们觉得哪一方更能说服你呢？请思考清楚并为他们队投上一票哦！"

投票方法：由现场的小观众投票决定本次获胜的队伍。

投票结果：经过现场观众的投票，正方11票，反方5票，最后由正方获得本次辩论的胜利。

（5）投票后采访

雨雨："我觉得反方讲得很好，旧的建筑拆掉，可以建更多新的建筑。"

诗诗："我同意正方的观点，元元说得很对，旧建筑见证着我们城市的历史。"

师幼小结：在激烈的辩论中，小朋友们对于广州的旧建筑应该拆掉还是留下来有了更深层次的思考。大家知道有一些旧建筑结构不稳固了，存在安全隐患。同时，城市也需要盖有更多功能、能容纳更多人的建筑。可是并不是所有的旧建筑都要拆掉，一些有历史意义的建筑还是要保留，因为这样才

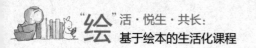
能让后人更好地了解广州的历史和文化。

4. 活动反思

首次"辩论赛"告捷，辩论赛从筹备到完成的过程，让幼儿有很大的收获。幼儿自主引发了这个辩题，并为了比赛而回家和爸爸妈妈一起收集相关的资料，做好辩论的准备。

在辩论赛中，幼儿能逻辑清晰地表达自己的想法，在他人讲述的时候也能安静倾听，同时，面对不同的想法时能尊重他人。在辩论过程中，幼儿不仅实现自我学习，也学会了汲取和整合他人的观点，从而形成自己的全新的经验。

科学活动：屋顶的秘密

羊城特色建筑里有沙湾古镇的镬耳屋屋顶，有玉岩书院的瓦片屋顶，还有常见居民楼的平屋顶等。在搭建房子时，幼儿常因选择搭哪一种屋顶和不知道怎么搭屋顶而烦恼。于是，大家都希望深入了解生活中常见的屋顶，探索屋顶的造型与功能。

1. 活动目标

感知屋顶不同的造型，对不同屋顶的排水效果感到好奇；通过操作对比三种常见屋顶的排水效果；喜欢科学活动，在探索和发现中感到兴奋和满足。

2. 活动准备

各种屋顶图片的PPT，一次性纸杯、纸牌、托盘、毛巾。

3.活动过程

（1）谈话导入，了解幼儿已有经验。

师："小朋友，你们见过什么样的屋顶？"

诗洋："我见过平平的屋顶。"

元元："我见过三角形的屋顶。"

菲菲："我在迪士尼见过尖尖的屋顶。"

洛洛："我在沙湾古镇看见过镬耳屋的屋顶，它是顶端圆圆的，两边翘起来。"

（2）观察图片，认识各种各样的屋顶。

师："你们见过的屋顶的样式还真多！我们一起来看看还有什么样的屋顶。"（播放PPT图片）

师幼小结：屋顶有各种不同的造型，有尖尖的、平平的、斜斜的，还有半圆形的。

（3）讨论，初步猜测不同形状屋顶的排水情况。

出示"屋顶排水"图片，鼓励幼儿大胆推测平屋顶、斜屋顶、半圆形屋顶的排水效果并说明理由。

师："如果遇上下雨天，你们觉得哪种屋顶上的雨水流得更快？哪种屋顶上更不容易积水呢？为什么？"

（4）提供材料，鼓励幼儿分组探索，搭出三种屋顶的造型。

师："小朋友们都有不同的想法，现在我们有纸牌、纸杯和海洋球，想一想，我们可以怎样利用这些材料搭出平屋顶、斜屋顶和半圆形屋顶呢？谁愿意来试一试？"

师幼小结：我们可以将纸杯倒扣在桌面上，把纸牌平平地放在纸杯上，一个平屋顶就做好了。如果把纸牌对折一下搭在纸杯上，就变成了一个斜屋顶。把海洋球放进纸杯里，海洋球卡在纸杯口，就变成了一个半圆形屋顶。

（5）幼儿分组操作，观察比较三种屋顶的排水情况。

幼儿拿取半杯水，依次从"屋顶"上方慢慢倒水模拟下雨。倒完水后，再次观察、对比三种屋顶上的积水现象。

出示组图"屋顶的秘密"，幼儿分享、交流，师幼共同小结。

师："下雨时，哪种屋顶上的水流得更快呢，为什么？雨停后，三种屋顶上又有什么不同？下雨时，哪种屋顶更容易把水排出去呢？"

师幼小结：下雨时，平屋顶上的水不会马上流下来，还容易形成积水，而斜屋顶和半圆形屋顶上的水会直接顺着斜坡往下流，也不容易在屋顶上形成积水。所以三种屋顶中，斜屋顶和半圆形屋顶更容易把水排出去。

归纳经验：生活中，人们会把平屋顶稍微垫高一点点，让水更快地流下去，或者在平屋顶上挖水沟、打洞并装上排水管，让水先流到水沟里，再从排水管流出去。这两种方法都能帮助人们解决平屋顶的排水问题。

（6）延伸活动，经验迁移：幼儿尝试用不同的材料搭建房子，在搭建时要考虑各种屋顶的排水效果，同时还要考虑房子的风格跟屋顶是否搭配。

4. 活动反思

在生活中，幼儿对屋顶的造型有一定的了解，但是对它们的设计原理和功能基本一无所知。根据幼儿生成的问题，师幼一同通过实验的方法，直观地对比不同屋顶的造型和功能。

有了这次的操作经验后，幼儿开始用扑克牌、乐高、泥工瓦匠等材料自创不同的屋顶的搭建方法，再进行对比和观察，经验得到进一步拓展和延伸。

（三）悦创绘本与延绘生活

综合活动：建造大桥

阅读区的《建造超级大桥》吸引了众多幼儿。他们围绕建桥的步骤和方法讨论："我们搭建了很多羊城建筑，这些建筑放在一起变成了一座小镇。可是小镇前面有一条河流，我们需要搭一座桥，这样才能方便人们进出。"说干就干，幼儿开启了超级大桥的搭建活动。

1. 活动目标

了解建造桥梁的方法和步骤；在了解不同桥梁的特点的基础上，学习拉索桥和斜拉桥的搭建方法；大胆发表自己的意见，乐于动手搭建。

2. 活动准备

绘本《建造超级大桥》的PPT，纸、笔、乐高积木。

3. 活动过程

（1）看图讲述故事，了解造桥的基本方法和步骤。

谈话导入，回顾经验。

师："我们了解过桥梁的演变历史，知道随着科技的进步和人们生活的需要，桥梁由最初的独木桥、石桥、木桥，逐渐演变成铁桥和悬索桥等等。今天，有一位设计师要为大家设计一座新的桥，它是怎么设计的呢？我们一起来听一听。"

师幼阅读绘本，幼儿了解建桥步骤。

师："小朋友们，你们喜欢熊先生设计的恐龙大桥吗？为什么？"

凤凤："喜欢，因为恐龙大桥很特别，而且恐龙大桥建好了之后，小朋友们上学更方便了。"

师："熊小姐是怎样建造大桥的呢？"

悦悦："先画设计图，然后制定任务清单，接着开始施工，最后大桥就建好了。"

师："在广州，你们见过哪些造型特别的桥梁？你最喜欢哪一座呢？"

娴娴："我最喜欢在永庆坊看到的拱桥，因为它的形状很美很好看，在桥底装上灯，晚上亮灯的时候，水里就会出现月亮的倒影。"

妍妍："我觉得悬索桥好看，猎德大桥就是悬索桥，它的造型很简单，但是很稳固。"

元元："我喜欢斜拉桥，我看到市区有很多斜拉桥，比如海印桥。"

（2）了解不同桥梁的结构和功能。

师："不同造型的桥梁，功能上有什么不一样呢？"（通过图片让幼儿了解拱桥、斜拉桥、悬索桥的不同功能与特点。）

（3）幼儿画设计图，分享自己的设计理念和缘由。

雪雪："我想设计拱桥，因为我觉得拱桥很稳固。"

远远："我想设计一座拉索桥，它的装饰很好看，还可以设计一个让环卫工人休息的地方。"

书书："我想搭建悬索桥，因为我觉得悬索桥更牢固。"

景景："我想搭建斜拉桥，海印桥就是斜拉桥，它的造型很好看。我搭完还要加很多的灯饰，那样会更好看。"

菲菲："我也想搭建斜拉桥，我想尝试用乐高积木和绳子一起搭建大桥。"

（4）幼儿合作搭建超级大桥。

第一次尝试：搭建斜拉桥。

元元："用乐高积木可以做出大桥的桥梁，但是没办法拼出拉索的样子，我们需要一些长度和粗细合适的绳子。"

潼潼："还需要灯饰，一些射灯，一些一串串的灯，这样就算是晚上，车辆也能看清楚路，而且有灯饰的桥也会变得很漂亮。"

程程："我们的桥搭建好之后需要一些小车，测试一下小车开上去桥会不会倒，够不够稳固。"

师："小朋友们能在尝试搭建的过程中发现问题，而且还能积极地想办法解决，真棒，我们一起去找合适的绳子、灯饰和小车吧！"

介绍分享"我的斜拉桥"。

川川："这是我和元元合作搭建的斜拉桥。你们看，跟海印桥是不是一模一样？"

诗诗："我们搭建的桥上能通车，我们的桥很牢固。"

第二次尝试：搭建悬索桥。

函函："我的桥很长，很容易断，搭不稳。这怎么办呢？"

元元："我来看看，你的桥只有两个桥墩吗？我觉得这样中间的位置很重，没有力量支撑。"

师："我们一起来看看这座悬索桥的图片，它这里有几个桥墩？"

函函："我看到有8个桥墩。"

娴娴："而且我还发现它是左右两边两个桥墩支撑一个位置的，这样应该会更稳固。"

师："是的，那我们也尝试一下吧！"

介绍与分享"我的悬索桥"。

启启："我的悬索桥下面设计了一些洞洞，这样可以让水流更通畅，下

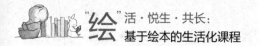
大雨时桥才不容易被冲垮。"

澜澜："我们的桥墩很高，这样桥才可以被拉起来。"

笙笙："我们建造的是超级悬索桥，我们几个人把桥连在一起，就变成超级大桥了！"

（5）展出桥梁，相互观赏学习。

师："表扬小设计师们，你们都很有创意！我们把搭建的桥梁和羊城特色房屋组合在一起，这样我们的城市就更完美了！"

4.活动反思

随着主题探索的不断深入，幼儿不再满足于简单地了解事物，他们渴望着有更多的实践机会去实现自己的想法。绘本引发了孩子的讨论，教师在拓展幼儿经验的基础上，支持幼儿通过动手操作形成对桥梁的更进一步的认知。

综合活动：搭建羊城幼儿园

妍妍和妈妈一起去越秀区参观小学，这所小学很特别，红色的砖墙，绿色的瓦片做的屋顶。回园后，她把自己见到的这所特别的幼儿园告诉了小伙伴。她想要搭建一座岭南风格的"羊城幼儿园"，小伙伴们纷纷出主意。

1.活动目标

感知建筑的色彩、造型中蕴含的岭南元素，在搭建中感知砖块排列规律；尝试设计岭南风格的幼儿园并用综合材料进行搭建，大胆应用各种排列组合的模式去构建作品；喜欢搭建活动，感受与同伴合作的快乐。

2.活动准备

笔、白纸、木块、黑色KT板。

3.活动过程

（1）谈话导入，初步思考。

师："在广州的特色建筑里，你最喜欢哪些建筑？哪些建筑最有岭南风味？"

乐乐："我喜欢广州塔，它是广州的新地标，人们一看就知道是广州的。"

程程："我最喜欢岭南印象园，因为那里的房子都是岭南风格的。"

航航："我喜欢余荫山房，这里有山有水，是岭南四大园林之一。"

师："如果要建一个羊城幼儿园，你们会怎么设计呢？"

雨雨："我想要一个像体育中心一样的滑滑梯，中间是游乐园，两边有梯子爬上去，从最高处滑下来，小朋友们一定都会喜欢。"

书书："我想要设计一个广州塔造型的喷水池，塔尖喷水，小朋友可以在水池里游泳。"

妍妍："我想要设计有镬耳屋屋顶的教学楼，把窗户变成彩色的满洲窗。"

娴娴："我还想在幼儿园里设计一个池塘，里面养小鸭子，小朋友散步时可以喂鸭子。"

（2）幼儿画设计图，寻找场地，收集材料。

幼儿用纸和笔画出设计图。

师幼小结：小朋友们的设计图都融入了羊城建筑的元素，有镬耳屋屋顶，有满洲窗七彩的窗户，还有很特别的广州塔喷水池，真棒！我们在哪个地方建幼儿园呢？需要哪些材料？

川川："搭在我们的榻榻米上面吧！"

萱萱："榻榻米太小了，而且我们中午要铺床睡觉。"

宸宸："在我们班的小花园搭吧！"

翊翊："小花园也很小，我们要搭很大的羊城幼儿园！"

芝芝："那我们去后操场吧，那里又大又宽敞。"

师："那我们需要哪些材料呢？去哪里收集我们需要的材料？"

菲菲："我们想要用大一点儿的木块来建楼房，器械室就有木块，我们去运过来。"

跃跃："我们可以用彩色纸做满洲窗，美工室有很多彩色纸。"

元元："那我们的围栏呢？我们要把幼儿园围起来，外人不可以进来。"

廷廷："用透明吸管可以做喷水池吗？"

心心："木块有三角形的，我们用它来做栏杆吧。"

（3）幼儿自由组队，搭建幼儿园。

（4）反思讨论，归纳经验。

师："羊城幼儿园搭好了！你们觉得满意吗？最满意的是哪一部分？"

洛洛："我觉得池塘搭建得很好，跟设计图纸里一样，是圆形的，可以容纳很多小鸭子一起游泳。"

奕奕："围墙大小合适，刚好把池塘和教室都围起来，还留了位置给我们搭建滑滑梯。"

芝芝："我们刚开始搭围墙时用了大小不一的木块，看起来很不整齐，而且来回运小木块很费时间，后来我们换成了大且长的木块，这样很快就建造出又大又整齐的围墙了。"

廷廷："我们的围墙上还用三角形木块做防护，我们搭建时是有规律的，每两块长方形的木块中间放两个三角形木块，这是错缝搭建。"

师："如果下一次再进行搭建，你们觉得有哪些问题需要改进呢？"

锋锋："我觉得教室有点儿小了，幼儿园有很多小朋友，要建大一些，而且满洲窗可以搭得更漂亮些。"

景景："我们的滑滑梯还没有完全搭好，希望下一次有更多的时间，搭建一个可以真的坐上去玩的滑滑梯。"

师幼小结：小朋友们今天能够按计划分工合作，按照设计图进行搭建。我们的羊城幼儿园里有教室，有围栏，还有鱼塘，真是太棒了！我们重新完善设计图，下一次再搭一个更特别的幼儿园吧！

4.活动反思

在这个活动中，幼儿把上一次的建构经验迁移到羊城幼儿园的建构中，同时也有新的学习在发生，在搭建围墙遇到问题的时候，他们能积极地思考解决问题的办法，并在教师的引导下，发现长短不同的木块占用的面积不一样，可以用长木块替代短木块的方法来解决多次运输材料浪费时间的问题。同时，他们还创造了新的排列规律，运用了错缝搭建的技巧，在做滑滑梯的时候，他们会测试坡度高低与物体下滑的速度的关系。在一次次的探索和尝试中，幼儿的生活经验得到不同程度的拓展和迁移。

三、课程思益

（一）促进阅读与学习效能

在主题课程"筑在羊城"活动中，幼儿接触到丰富的阅读材料，阅读区中投放了家长和幼儿共同查阅、收集的与建筑相关的绘本。关键性绘本《嗨，广州》帮助幼儿建立起对羊城建筑和文化的初步印象，激发了幼儿继续深入探究的兴趣。《人类的房子》《探秘建筑》等绘本则让幼儿了解了建筑的结构和演变的历史，为探访羊城的多元特色建筑奠定了基础。在师幼共读绘本的过程中，幼儿理解绘本内容，并通过绘本图片与文字的表达，感受到了广州建筑的魅力，加深了对相关知识的理解和记忆。当幼儿遇到感兴趣的问题时，会主动进阅读区选择相应绘本进行查阅，还会仔细观察画面，与同伴讨论故事内容，表达自己的看法。幼儿能画出自己想象中的房子，记录创作的步骤和设计的理念。在主题活动中，幼儿的阅读能力和前书写能力都得到了发展，同时也感受到了图书的作用，体会到通过阅读获取信息的乐趣。

（二）丰富生活与课程价值

大班幼儿随着年龄的增长和心理的发展，不再满足于简单的事物现象和追随服从他人指令，而是开始希望对事物进行更深入的探究和了解。在整个主题活动中，教师遵循大班幼儿的身心发展特点，以儿童为本，通过儿童辩论、儿童摄影等方式倾听幼儿的想法，并根据幼儿的兴趣需要和发展水平，为幼儿提供安全的环境和丰富的操作材料。

在探访羊城特色建筑时，家长当导游，为幼儿讲解相关建筑背后的历史。幼儿通过观察、比较与分析，发现建筑的特征，并尝试与老师、同伴一起筹办"羊城摄影展"。利用丰富的本土地域资源，幼儿对岭南建筑和岭南文化有了更深入的了解。校家社的联动有效支持和促成了幼儿对主题的探究。通过参观、体验、互动等多种方式，幼儿亲身感受到了广州的历史文化、建筑风貌、民俗风情，这些直接的生活经验对于他们的成长是非常有益的。主题课程的开展促进了幼儿社会交往能力、表达能力的提升和综合素质的发展，使他们更熟悉和热爱自己生活的城市，也加深了他们对广府文化的认同感和归属感。

后 记

还记得1992年那个夏天，我从幼师毕业，满怀热情地奔赴幼儿园的工作岗位。转眼间，30多年飞逝而过。从广州开发区第一幼儿园，到广州开发区第二幼儿园，到香雪幼儿园，再到香雪山幼儿园，时光清浅，岁月留痕，我不知疲倦地在我热爱的幼教土地耕耘着，其间有艰辛，有幸福，我对幼儿教育也产生了更深刻的理解和认识。

教育兴则国家兴，教育强则国家强。习近平总书记强调，培养什么人、怎样培养人、为谁培养人是教育的根本问题，也是建设教育强国的核心课题。我们要把立德树人贯穿到教育的全过程，正确引导孩子扣好人生第一粒扣子。幼儿教育是基础教育的奠基工程，是"根"的教育。在我看来，我们现在所做的一切，是为孩子未来的生活而做准备。幼儿教育的目的是培养完整的社会人，培养乐探究、爱生活、会创造的现代儿童，让每一个孩子既拥有天真快乐的童年，同时又为后继的学习和生活打下基础，成为具有家国情怀，热爱生活，内心丰盈的社会人。孩子的生命状态应该是积极向上、精彩激昂、充满无限可能的。

基于以上的思考，在课程改革实践中，我园开启了"读绘本，玩烹饪"

园本课程探索。2020年8月，相关研究成果凝练成《大概念课程：幼儿园特色主题活动设计》一书，于华东师范大学出版社出版。彼时，香雪山幼儿园建园尚且不到7年。虽然是一支年轻的团队，但我们在课程实践中已经有自己的思考，有明确的目标和方向。

正如陶行知先生所倡导的"我们要以生活为中心的教学做指导，不要以文字为中心的教科书"，最贴近幼儿的教育应该是"从幼儿生活中来，回归到幼儿生活中去"。最具生命力的课程应该是生活化的课程，最具生长力的课程应该是向下扎根的课程。基于对生活化课程的认同与理解，我园以绘本为抓手，深入挖掘绘本的育人功能，从基于绘本的烹饪课程延伸到基于绘本的生活化课程。我们主张从生活出发，与自然和社会建立意义联结，为儿童搭建通往世界与未来的桥梁。2020年11月，我园领衔申报的"基于绘本的生活化课程实践研究"立项为广东省学前教育"新课程"科学保教示范项目。历经三年，在专家指导下，我们搭建课程框架，明确课程目标和课程内容，确立课程路径和课程评价体系，形成课程资源库。每一步走来，实属不易。

《"绘"活·悦生·共长：基于绘本的生活化课程》既蕴含着我个人对教育的理解，也是团队教学实践的凝练。它的顺利出版，有赖于广州市黄埔区政府、区教育局各级领导对香雪山幼儿园的关怀与大力支持，以及团队每一位教师所付诸的教学实践。对此，我深表感谢！如果说《大概念课程：幼儿园特色主题活动设计》是我园课程改革实践的1.0版本，那么这一部《"绘"活·悦生·共长：基于绘本的生活化课程》就是我园课程改革实践2.0版本的印证。其中凝结了我们团队艰辛的汗水，饱含着我们对教育的追求，闪耀着团队智慧的光芒。

十年树木，百年树人。儿童是祖国的未来，幼儿教育事业是天底下最阳光的事业，亦是我与团队孜孜不倦的追寻与意义所在。回顾卅载教育路，虽然不乏艰苦、辛酸，也曾有过迷茫、困顿，然而实现教育理想给我所带来的责任感、荣誉感、使命感，成为我披荆斩棘、一往无前的动力。香雪山幼儿园的课程改革仍在继续，加快发展新质生产力，追求教育的高质量发展，我们一直在路上！

周秀翠

2024年5月于广州